[英] 怀特海　著

（Alfred North Whitehead）

严中慧　译

教育的目的

The Aims of Education

全译本

华东师范大学出版社

上海

图书在版编目(CIP)数据

教育的目的:全译本/(英)阿尔弗莱德·诺斯·怀特海
著;严中慧译. —上海:华东师范大学出版社,2019
ISBN 978-7-5675-9310-7

Ⅰ.①教… Ⅱ.①阿…②严… Ⅲ.①教育目的
Ⅳ.①G40-011

中国版本图书馆 CIP 数据核字(2019)第 261346 号

本书翻译得到内江师范学院精品工程"实践教育哲学系列问题研究"项目支持。

教育的目的

著　　者　[英]怀特海
译　　者　严中慧
策划编辑　彭呈军
特约编辑　单敏月
责任校对　王丽平
装帧设计　卢晓红

出版发行　华东师范大学出版社
社　　址　上海市中山北路 3663 号　邮编 200062
网　　址　www.ecnupress.com.cn
电　　话　021-60821666　行政传真 021-62572105
客服电话　021-62865537　门市(邮购)电话 021-62869887
地　　址　上海市中山北路 3663 号华东师范大学校内先锋路口
网　　店　http://hdsdcbs.tmall.com

印 刷 者　上海盛通时代印刷有限公司
开　　本　787×1092　16 开
印　　张　13.25
字　　数　161 千字
版　　次　2020 年 1 月第 1 版
印　　次　2024 年 12 月第 7 次
书　　号　ISBN 978-7-5675-9310-7
定　　价　38.00 元

出 版 人　王　焰

目录

怀特海胸中的教育江山图（代译序）

在中国，怀特海《教育的目的》比较通行的中译本为七章，谈论完大学教育就戛然而止。

一般的读者恐怕不以为意，热爱怀特海的读者难免会暗自思忖：怀特海说教育的目的是要把人引上自我发展之路，那么大学之后的人生呢？大学之后还有哪些生命的生长周期，哪些浪漫、精审与综合？还会有哪些自我发展？是不是有一套基本的观念和思维方法？

从普莱士所著的《怀海德对话录》可见，当《教育的目的》出版后，有的人接受了里面的思想并引用到自己的书里，如李文斯顿；或者引用来发表在演讲中，如兰德。还有人抱怨《教育的目的》没有在英国出版，看不到。为了让更多人，尤其是英国读者能够读到，怀特海曾考虑重版《教育的目的》。普莱士建议说："开始八章是令人震撼的，我的好多朋友——李文斯顿便是其中之一——都这样告诉我。你为什么不删略最后两章，而以你在哈佛三百周年纪念活动中的论文来代替呢？"怀特海的回复是：他担心太过冗长。这段陈述至少说明了一个事实：《教育的目的》应该是十章。在森口兼二、桥口正夫的日译本里，《教育的目的》也是十章。

按照发布的场合来分类，《教育的目的》的十个章节分别是：

怀特海担任英国数学家协会会长时的演讲：第一章"教育的目的"，发表于1916年；第四章"技术教育及其与科学和文学的关系"，发表于1917

年;第六章"数学课程",发表于 1912 年。

怀特海在伦敦师范学校协会上的演讲:第二章"教育的节奏",发表于 1922 年。

怀特海在美国职业专科学校协会上的演讲:第七章"大学及其功能",发表时间不详。

怀特海在英国促进学术进步协会大会的演讲:第八章"思想的组织",发表于 1916 年;第十章"空间、时间和相对性",发表于 1915 年(怀特海后来又在亚里士多德学会上选读了"空间、时间和相对性"带注释的版本,在选编入《教育的目的》一书时内容有删减)。

怀特海在杂志 *Hibbert Jounal* 上刊载的论文:第三章"自由与训导的节奏性主张",发表于 1927 年;第五章"古典在教育中的地位",发表于 1923 年。

被首刊于《教育与科学理性的功能》的第九章"对一些科学观念的剖析",发表于 1917 年(在那本书中为第七章,那时怀特海就职于皇家科技学院)。

在《怀海德对话录》中,怀特海夫人说了这样的话:"我们喜欢每件作品完整地出版,要不然通通不印,而不喜欢作品受到编者的删减。当我们发现编者自作主张而把作品的一部分抑或整章全部削去时,我们便感到十分失望。"阅读到此处时,不免为之心动。《教育的目的》应该有一个完整的十章中译本,这是我致力要做的事情。

尽管由不同场合的讲稿或论文组成,怀特海《教育的目的》各章节之间的有机联系性非常强。这无疑很难,但是怀特海做得很好。怀特海可能属于甘于晚成的极为罕有的人物，也是极为罕有的能配得起这样的成书方式的人物。

日本学者田中裕在《怀特海有机哲学》中评价他说："怀特海也是那种类型的思想家——与其立即发表自己的观点，不如慢慢地等待思想自然成熟。"在书中，田中裕提到这样一个事实：共同执笔《数学原理》时，怀特海和他的学生罗素两个人一起过目原稿。罗素提出借阅怀特海关于"广延抽象化方法"的相关笔记，怀特海应允了。1914 年，罗素先于怀特海，发表了根据怀特海笔记而来的"广延抽象化方法"的观点。怀特海私下写信给罗素："我不想使我不成熟的观点——你在你书的各章中涉及并变得容易理解了的我的草稿——陷入我不认为是全面真理的一系列见解之中。对于你不借助我的笔记就不能展开研究工作，实在抱歉。"当然在公开发表的《自传》中，怀特海很为罗素留情面，声称是"我们在哲学和社会学方面的基本观点不同，由于各自兴趣不同，因此我们的合作就自然地结束了"。到了 1919 年，怀特海才将"广延抽象化方法"发表在《自然知识原理》中。从这个事实中，怀特海的学术品格可见一斑。

尽管怀特海发表出来的文字堪称浩瀚，但是他尚未刊印发表的文章仍有很多，由于他本人不满意而撕毁的手稿也无法计量。如果把怀特海比作一棵树，那么在他丰实的树干底下有着庞大的根系。怀特海对自己的谈论和书写都极为谨严慎行，曾有人问他："你开始感到你对研究的主题有了把握是生命中的哪一时期？"他唐突却诚实地回答："从未有过。"

怀特海大部头的著作大多是在哈佛大学任教期间一本一本出版的，那时他每周至少给学生做三次演讲，用整个下午的时间和学生讨论，家里常常还有学者和青年们的沙龙。那时他已经六十几岁，然而艰深的写作还是能活跃地快速完成，例如，《科学与现代世界》按照每周一章的进度写出来。他说："书中的一切，在过去四十年里都谈论过了。"

怀特海的书写得那么精彩，却从不愿把肖像印制在书刊上。在某些地方，我看到了怀特海的形象。或许因为怀特海有着赤子般的心灵，形于外貌，就有了赤子般的面庞。友人称他的肖像看起来"像是六岁那般大"，对此怀特海美丽的夫人也赞同："在跟他结婚时，还有以后的一大段岁月里，他看起来仍是那张脸庞。"怀夫人把编辑们打算刊登怀特海的头像作为"令人骇然"的事情。"你想出版家想做什么？他们想把阿夫列（即怀特海）的照片刊在生活杂志的封面上！我以最温和的口气告诉他们说，他终生的原则是不接见记者，并且不为报纸刊登照片——哈佛三百周年纪念，所有老同学都在一起拍照片时，则属例外。"专注于学术研究的怀特海，没有抛头露脸、扬名立万的心性。

包括书的封面，怀特海所追求的也不是金光闪耀、夺人眼目。麦克米兰把《观念的探索》（现在通常译为《观念的冒险》）一书送达时，连怀特海夫人都惊住了，上面是月亮星星和一道道光芒。怀特海夫人说："这封面设计者曾经读过这本书吗？可能最多听过书名罢了。"普莱士也说："这简直是在跟怀教授胡闹。"怀特海所说的探索或者智力冒险，都是努力而谦卑的。在《过程与实体》一书的序言中，怀教授说，"我写了该在首章开头以及全书中经常出现的几句话"。那几句话是："我们在探求事物本性的深度上所作的努力还是多么的肤浅，多么的柔弱和不完善。在哲学的探讨中，对于终极性陈述，即使是最细微的一点武断的确定，都是愚蠢的表现。"

在我的硕士毕业论文《审美与理性的具体化——论怀特海有机课程思想》里，我就试图建立一种非平面的方式去解读怀特海，这种方式是节奏式螺旋上升的，与怀特海"飞机鸟瞰式的发现法"对接起来也无罅隙。

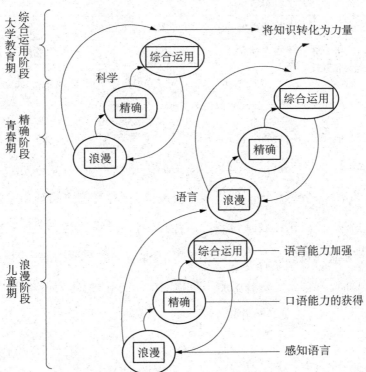

注：以上图表出自我的硕士毕业论文。其中，精确即精审，综合运用即为融贯。

我所做的这些图表，虽然都还粗陋，未必尽然体现出怀特海的思想本身。如果说我理解得不错，未尝没有这种可能。

研读怀特海的时间越长，越感到：怀特海的这些观念，虽然先后在不同的场合讲出来或者写出来，但是在他胸中的丘壑里，一片完整的江山清晰可见。每一个单独的部分，怀特海都是照应着其他关联部分而述说出来的。

解读进路	审美	理性	具体化
教育的节奏	浪漫阶段	精审阶段	贯通阶段
微观合生阶段	反应阶段	补充阶段	满足阶段
《教育的目的》所呈现的有机成长顺序	口语的掌握	语言的进一步分化	技术教育
	古典文化	数学课程	大学教育
	思想的组织	对一些科学观念的剖析	空间、时间和相对性

关于怀特海《教育的目的》由不同场合演讲和论文组合而成，这样的成书方式，可能在今天既流行又可怕——稍有头脸的人物，脑袋一热、草草成形、急于发表，一分思想恨不得说到十分的体量，各章节之间分崩离析缺乏逻辑与系统。我恳请读者意识到，怀特海跟这种浮躁的狂妄之徒是决然不同的。若非有怀特海那样的禀赋与智慧，若非有怀特海那样的勤勉与谦卑，若非有怀特海那样把思想在头脑里蕴化四十年的静气、耐力与坚守，还是不要以此方式写书，尤其请不要与怀特海妄加类比。

本文刊发于《国际日报》2019 年 4 月 10 日

第一章　教育的目的

✿

（1916 年出任英国数学家协会会长的就职演讲[①]）

✿

文化是思想的活动，是对美和人文情感的接受[②]。碎片似的信息或知识与文化无涉。在 God[③] 的土地上，一个仅仅被很好地信息化了的人无用而令人厌憎。我们要成就的是既有文化又掌握某些特殊领域的专门知识的人才。专业知识给他们一个开始的土壤，而文化则会引领他们深如哲学又高如艺术。我们必须记住，自我发展才是有价值的智力发展，而这种发展往往发生在 16 岁到 30 岁之间。而培养这种自我发展，最重要的是人们 12 岁以

---

① 演讲时还设有一个副题"对改革的建议"。整理成书的内容比演讲原文有所删减。——译者注
② 结合上下文，相较于知识而言，文化更容易传达和理解美，文化也更容易引起情感共鸣。——译者注
③ God 是怀特海的一个哲学用词，与一般西方传统中宗教性的解释是不同的。可参见《过程与实在》等怀特海著作。因此，译者在本书中对 God 一词不作回避。——译者注

前从母亲那里接受的教养。大主教坦普尔①的一句名言能说明我的意思。一个曾经在拉格比公学②读书时成绩一般的男孩，长大后获得了成就，这不禁使人感到惊喜。坦普尔大主教的回答是："人不在于他 18 岁时怎样，而在于他们经历过 18 岁之前那些事情，后来的日子里他们会如何。"

培养一个儿童思想活动时，最首要的是必须警惕那些被我称之为"惰性观念"(inert idea)③这种仅为大脑所接受，没有经过运用，或没有经过测试，或没有与其他新颖的思想有机地融为一体④的思想。

在教育发展史上，最让人有感触的现象是：一些学校，在某个时期富有活力，人才辈出。然而其后辈展现得卖弄学问或者过于程式化，其原因就在于这些学校过载了惰性观念。伴随着惰性观念的教育不仅无用，而且有害——最坏之事，即最好之物的败坏⑤。除了在知识蓬勃发展的少数时期外，过去的教育完全受这种呆滞思想的影响。这也说明为什么那些未受教育的聪明女人，她们看透这世界，当她们步入中年时便成为社会中最有文化修养的群体。她们免受了惰性观念的可怕束缚。使人类走向伟大崇高的每一次知识革命无不是对惰性观念的激烈反抗。遗憾的是，我们对人类的心理的可悲的无知，于是一些教育体制自身形成的惰性观念重又束缚了人类。

---

① 坦普尔大主教(Archbishop Temple，1821—1902)，1896 年任坎特伯雷大主教。他曾担任过拉格比公学的校长，也曾任牛津大学讲师。——译者注
② Rugby School，创立于 1567 年，位于拉格比市。拉格比公学是英国著名的学校。——译者注
③ 或译为"呆滞思想"。Inert 更常见的用法是化学中的惰性气体，不与其他元素反应。此处译为惰性观念。
④ 知识仅被大脑接受意在强调心灵和情感尚未接受，缺乏浪漫的精神。未被运用和测试意味着缺乏精审的过程，知识的接受是粗糙浅薄的。没有与其他新颖事物有机结合，说明知识不能融汇贯通。按照怀特海的教育节奏思想：浪漫—精审—综合，惰性思想是既不浪漫，也不精审，也不能融合其他，完全在教育节奏之外的。——译者注
⑤ 怀特海引用的拉丁文，Corruptio optimi, pessima。——译者注

现在让我们来谈谈，在我们的教育体制中，应如何防止精神僵腐。我们先来说明教育上的两条戒律：首先，"不可教太多科目"；其次，"所教内容务须透彻"。

教授大量科目，而每个科目只教一点点，结果是学生对无关联观念的被动接受，没有被活力的火花启明。那些被引入儿童教育的主要观念，应该少而重要，让它们被投入每一种组合的可能性之中。儿童应该把这些观念化为自己的，应该理解它们在他现实生活里此时此地情境中的应用。在教育的一开始，儿童就应该经验发现的乐趣。儿童必须做出的发现应该是一些普遍性的观念，这些普遍性观念将给出一种理解，理解他生命中发生的一系列事件，理解他的人生。我所指的"理解"超过逻辑分析的意思，尽管也包含了这重意思在其中。我说的理解有法国谚语"理解一切，宽恕一切①"的意味。

学究们讥笑有用的教育②。但是如果教育没有用，教育是什么呢？教育要培养只能藏在尿片里的才能吗？教育当然应该是有用的，不管你生活的目标是什么。教育对圣奥古斯丁有用，教育对拿破仑有用。教育是有用的，因为理解是有用的。

在这里，我不多谈理解在文学教育中该做何解，也不想去断言经典课程与现代课程的优缺点。我只想说，我们需要的理解是一种对持续的现在③的

---

① 原文为：To understand all, is to forgive all. ——译者注
② 此段在原文中与上一段本来是一段，但是主旨偏于强调教育的有用，与前文不尽相同，因此另起一段。无论是东方还是西方，教育观念中多少都有"无用"的追求，行教育以完善品德。若是希图从教育里获得某种"实用"会有过于功利之嫌，文人多少有些避讳或者厌恶。但是怀特海反感藏而不用的教育，开玩笑说追求无用的教育是把天才藏进尿布里，别人看不见也用不了。——译者注
③ 持续的现在 Insistent present 时间是由一个又一个的现在接连而成的，要理解每一个当下。——译者注

理解。过去的知识的唯一用处就在于它们武装我们的现在。给年轻的头脑带来伤害最大的，莫过于轻视现在。现在涵盖一切。现在是神圣的所在，因为它是过去，它也是未来。同时我们必须注意，一个 200 年前的时代与一个 2 000 年前的时代同样古老。不要学究式地被所谓年代而蒙蔽。莎士比亚和莫里哀的时代与索福克勒斯和维吉尔的时代一样古老。圣贤们的交流是伟大而激励人心的盛会，但聚会只可能有一个殿堂，也就是现在①；每一组圣贤来到这个殿堂，经历的时间相较起来只有微小的区别。

当我们考察科学和逻辑的教育时，我们应记住，在这里不加利用的思想概念同样是十分有害的。我所说的利用一个观念，是指将它与一连串复杂的、构成我们生活的感性知觉、情感、希望、欲望以及调节思想的精神活动联系在一起。我可以想象那些人，他们通过被动地复习一些互不相干的观念来强化自己灵魂。但人性不是那样构建的——也许某些报纸的编辑除外②。

在科学训练中，处理一个概念的第一件事就是去证明它。但请允许我先扩展"证明"这个词的含义：我的意思是——证明其价值。除非一个观念包含的命题都是真的，否则它是无价值的。因此对一个观念的证明，最重要的是证明其相关命题的真实性，通过实验或者逻辑去证明。但证明命题的真实与否并不构成最初采用这一概念的必要条件。毕竟，可敬的教师们的权威意见是我们开始讨论问题的充分根据。在我们最初接触一系列命题时，我们总从是否更具重要性的角度入手。这是我们所有的人在后半生所做的事。严格地说，我们并不试图证明或反驳任何事物，除非其重要性值得如此。（狭义的）证明和（狭义的）评价这两个过程在时间先后上不需严格划

---

① 怀特海所说的"现在"不止是时间概念，还被赋予了空间感。——译者注
② 这里应该是怀特海在演讲中开的一个玩笑，报纸上的新闻内容是可以彼此不相关的。——译者注

分。二者几乎可以同时进行。但如果非要给两个过程分先后,应该优先考量评价过程。①

此外,我们不应该试图孤立地运用各种命题。我的意思绝不是用一组简单的实验说明命题一,然后证明命题一;接着用一组简单的实验说明命题二,然后证明命题二,依次类推直至书尾。再没有比这更枯燥的了。互相关联的真理应作为整体一起加以运用,各种不同的命题可按任何顺序反复使用②。从理论科目中选择一些重要的适用知识,同时给出系统的理论阐述来研究它。理论阐述须短小而简单,但应严谨精确。理论阐述不能太长,太长的阐述使人们反而不容易透彻准确地理解③。头脑里装满大量一知半解的理论知识,结果会很糟糕。理论也不应该与实际相混淆。在证明和利用时,儿童不应该有疑虑。我的观点是,只要可行,被证明的应该加以利用,被利用的应该加以证明。我绝不认为证明和利用是一回事。④

叙述至此,我可以用一种表面看似离题的方式更进一步阐明我的论点。我们刚刚开始认识到,教育的艺术和科学需要天赋,也需要对这种艺术及科学进行研究;我们认识到,这种教育的天赋和科学不仅仅是某种科学的或文学的知识。上一代人只是部分地认识这个道理;中学和小学里那些稍欠火候的校长们,往往要求同事们玩左手保龄球,要求他们对足球感兴趣,以此

---

① 当我们觉得一个观念或者命题的重要性不足时,我们往往就不会在意,更不会去证明其真假。——译者注
② 本书开篇就提到碎片化知识的危害,怀特海要以有机的思维来理解教育。——译者注
③ 人们常常有种错觉:解释得越多,人们就会越理解。而怀特海指出,解释太多、太复杂对理解并无帮助,可能还会有反效果。这种老师一个劲儿讲,学生越听越糊涂的现象,在课堂上还是可见的。怀特海在《思维方式》中提到"理解是自明性的",这个发现很有教育意义。——译者注
④ 证明和运用是完全不同的思维模式。当学生不理解某个知识的时候,需要明确他是不知道如何证明还是如何运用。——译者注

来取代仅仅研究教育的艺术与科学。然而,文化比保龄球丰富,比足球丰富,文化也比广博的知识更为丰富。

教育是教人们掌握如何运用知识的艺术。这是一种很难传授的艺术。一旦有人写出一本具有真正教育价值的教科书,保准就会有某位评论家说这本教材很难用,无论什么时候都如此。有价值的教材当然不容易教。倘若容易,就应该将它都烧了,因为它不可能有教育的价值。在教育领域中,或在其他领域中也一样,那些看似宽广实则危险的路往往通往糟糕的境地。这条邪恶之路由一本书或一系列讲座来铺就,书和讲座几乎能使学生记住下一次校外考试①中可能出现的所有问题。顺便说一句,一个学生在任何考试中要直接回答的每一个问题都该由他的老师设计或修改,否则这种教育制度是没有发展前途的。校外评审员可以就课程的情况或学生的表现做出报告,但绝不应拿未经学生自己的教师严格审阅的问题来问询学生。校外评审员问学生的问题,至少是经过与学生长时间的讨论而引发出来的。会有一些例外情况出离这条规则,但它们仅仅是例外,而且这些例外因为合于一般规则而尚能够容易被允许②。

现在回到我前面提到的论点,即各种理论观念在学生的课程中应该永远具有重要的应用性。这并不是一个容易付诸实践的教义,而是很难实行。它本身便涉及这样的问题:要使知识充满活力,不能使知识变成惰性的,而这是一切教育的核心难题。

最好的做法取决于几个不可或缺的因素:教师的天赋,学生的智力类

---

① 统一的外部考试(external examination),由专门的校外评审机构来负责出题考试,校外评审员会根据考试成绩做出报告。或许类似于校际联考、区统考之类。——译者注

② 原文为:But they are exceptions, and could easily be allowed for under the general rule. ——译者注

型及他们生活的前景，学校周围环境提供的机会，以及与此相关的各种因素。正因为如此，统一的校外考试是极其有害的。我们指责这种考试，并非因为我们是那种热衷于指责已经确定的事物的怪人。我们没那么幼稚。当然，这类考试在检查学生的怠惰方面也有用处。我们讨厌这种考试的理由是十分明确而又具有实际意义的，因为它扼杀了文化里最好的部分。当你凭据经验来分析教育的中心任务时，你会发现，圆满完成任务取决于对多种可变因素做精妙的调整。因为我们是在与人的大脑打交道，而不是与僵死的事物打交道。学生的求知欲和判断力，以及控制复杂情况的能力，他们在特殊情况下应用理论知识对前景作出预见——所有这些能力不是靠一套体现在各科目考试中的既定规则所能传授的。

　　我提请你们这些有经验的教师们注意。在课堂纪律良好的情况下，确有可能向学生们灌输一定量的惰性知识。你拿一个教材，让他们自己学习。似乎很棒。然后学生们知道了如何求解二次方程。但我们教会学生解二次方程的关键点是什么呢？对这个问题有一种传统的回答是这么说的：人的大脑是一种工具，你先要把它磨锋利了，然后才好使用它；掌握解二次方程的本领便是一种磨砺大脑的过程。这个回答具有一定的真实性，因此几代人都接受了它。尽管如此，但它包含一种根本性的错误，可能因此扼杀我们这个世界的天才。我不知道是谁最先把人的大脑比作一种无生命的工具。我猜这也许是希腊七贤①中的一位提出的，也或者是他们集体认可的看法。不管发明者是谁，历代杰出人物纷纷赞同，从而使它具有的权威性不容怀疑。然而，不管这种说法多么权威，不管什么样的名人对此表示过赞

---

① 希腊七贤：拜阿斯 Biass；开伦 Chilon；克莱俄布卢 Kleoboulos；佩里安德 Periandros；庇塔库斯 Pittakos；梭伦 Solon；泰勒斯 Thales。——译者注

同,我都会毫不犹豫地抨击这种说法,这是迄今存在于教育理论中的最致命、最错误因而也是最危险的一种观点。人的大脑从来不是消极被动地接受知识;它处于一种永恒的活动中,精细而敏锐,接受外界的刺激并做出反应。你不能延迟大脑的生命,把大脑像工具一样先磨好然后再使用它。不管学生对你的主题有什么兴趣,必须此时此境就被激起;不管你要加强学生什么样的能力,必须此时此境就进行;不管你想带给学生的精神生活什么可能性,你必须此时此境就展现。这是教育的金规则,也很难遵守。

困难在于:对于一般概念的理解,以及大脑智力活动的习惯,还有取得智力成就的快乐,这些都无法用任何形式的言语唤起,也无论你怎样正确地调整。凡有经验的教师都知道,教育是一种掌握种种细节的过程,需要耐心,一分钟又一分钟,一小时又一小时,一天又一天。学习没有捷径,不可能通过虚幻之路获得高明概括。有一句谚语"见树不见林"[①],这种困难正是我要强调的。教育需要解决的问题就是使学生通过树木看见森林。

我主张的解决方法是,要根除各科目之间那种致命的分离状况,因为它扼杀了我们现代课程的活力。教育只有一个主题,那就是各呈其貌的生活。但我们没有向学生展现生活这个统一体,取而代之的是教他们——代数,然后就什么都没有了;几何,然后就什么都没有了;科学,然后就什么都没有了;历史,然后就什么都没有了;教他们学两三种语言,但他们却从来没有真正掌握;最后,是最令人乏味的文学,常常是莎士比亚的一些戏剧作品,配有

---

① 原文为:There is a proverb about the difficulty of seeing the wood because of the trees. 只有看很多很多的树,掌握很多树的细节,才能明白树这一个具有诸多品目的物种。这里引用的意思还是强调教育很艰难、很需要耐心。——译者注

语言方面的注释和简短的剧情人物分析，实际上是为了让学生背诵的。以上这些能说是代表了生活吗？能代表我们身处生活之中所领会的那种生活吗？最好的说法，那是神在创世时脑海中飞快浏览的一个目录表，那时他还没有想好如何将它们融合为一。

现在让我们回到二次方程的话题上来，我们还没有解决这个问题。为什么要教儿童二次方程的解法？除非二次方程适合一套互有相关性的课程，否则我们没有理由去教与它有关的任何知识，这是当然的。此外，因为数学在整个文化中的位置应该涉及很广的范围，我甚至有点怀疑对许多类型的儿童来说，二次方程的代数解法不该取决于数学的专业化的一面。在此我提醒你们，到目前为止我还没有对心理学或专门化内容作任何评论，它们是理想教育的必要组成部分。但评说它们是对我们的真问题的回避①，我提这些只是为了使我下面的回答不致引起误解。

二次方程是代数学的一部分，而代数学是人们创造出来用以清晰量化世界的一种智力工具。我们无法回避数量，世界自始至终都受到数量的影响，我们说感受就是用数量来说话。说这个国家大——有多大？说镭很缺乏——缺多少？你不能回避数量的概念。也许你可以转向诗歌和音乐的王国，但在节奏和音阶方面你仍会遇到数量和数字。那些看似优雅却蔑视数量理论的学者是不健全的。与其指责他们，不如怜悯他们，他们在学校中学到的那些零碎的莫名其妙的被称为代数的知识应该受到轻视。

---

① 结合上下文意思，怀特海想表达的或许是，课程上是追求科目的专业性呢？还是要注意儿童的心理呢？显然有的儿童是适应不了专业性知识的。因此，教学上不能取决于专业性知识。这是不是就说明怀特海觉得心理学更重要呢？怀特海没有这么说，他说它们都是理想的教育的必要组成部分。他不想让听众有误解。但是他也不想跳开话题去评说心理学和科目专业性。——译者注

代数学无论在辞令上还是事实上，都退化得乱七八糟，这为我们提供了一个可悲的例子，如果我们希望在儿童生动活泼的头脑里唤起美好品性，可是我们自己对要唤起的美好品性缺乏清晰的概念，则改革教育的计划表是没有价值的。几年前，人们强烈要求改革学校中的代数课，多数人都同意图表可以解决一切问题。于是，学校开始推行图表法，淘汰了其他所有的方法。但就我所看到的，仅仅是图表而已，根本没有思想。现在每次考试总有一两道图表题。我个人是图表法的积极拥护者，但我不知道我们是否赢得了什么。生活与所有智力或情感认知能力的某种基本特点之间存在着关系，如果你不能成功地展现这种关系，你也就无法将生活融入任何普通教育的计划中。这个说法很难，但是这个是真的。我不知道怎么能更容易。在做这种小小的形式的改动时，你恰恰被事物的本质难倒。你的对手技术老练，他能使豌豆永远在另一个杯子下。①

改革必须从另一边开始。首先，你必须确认世上有哪些简单到足以进入普通教育中的数量关系。然后，应该制订一份代数课程计划，这个计划将在这些数量关系的应用中找到例证。我们不必害怕那些图表，当我们开始把代数当作研究世界的重要手段时，图表会大量出现。

在对社会学进行最简明的研究时，我们可以用某些最简单的图表来进行量化描述。历史课里那些图表曲线要比枯燥的人名、日期一览表更生动直观，但枯燥的人名和日期一览表却构成了我们学校枯燥的学习中的主要内容。平庸的国王和王后的一览表能达到什么目的？汤姆、迪克，或哈里，

---

① 当课程改革没有领会事物根本就贸然改动形式，就好比猜杯子游戏。跟人打赌猜豆子在哪个杯子里，你猜来猜去不停猜错，总是不能指对豆子在哪个杯子里。因为你没有领会诀窍，只不过换着杯子乱猜而已。这是对只从形式上去进行教育改革的形象比喻。——译者注

他们都死了。一般的复活是失败的，最好还是推迟。① 现代社会中各种势力
的变化，可以用数量这种极简明的方法来显示。同时，关于变量的概念，关
于函数、变化速率、方程及其解法的概念，还有数学中消元的概念，都可以按
照它们自身的特点被作为一种纯概念的科学来进行研究。当然，研究的时
候不是用此刻我提到它们时所用的这些华丽的词，而是用那些适合教学的
简单而特殊的实例来反复教。

　　如果这个思路可以被继续下去，那么从乔叟到黑死病，从黑死病到现代
劳工问题，这条线索将把中世纪朝圣者们的传说与代数这门抽象科学联系
起来，两者都从诸多不同的方面反映了同一主题，即：生活。我知道你们大
多数人对我所持这一点的看法。你们认为我所勾勒出的这条进程并不是你
们想选择的，甚至也不是你们要看它如何起作用的。对此我相当赞同。我
不宣称说我可以自己做这点。但你们的反对恰恰说明了为什么统一的校外
考试制度对教育是极其有害的。知识应用的过程若要取得成功，必须首先
取决于学生的特点和教师的天赋。当然，我有意地忽略了寻常我们大多数
人都比较熟悉的最简单的应用。我指的是那些涉及量的科学，如机械学和
物理学。②

――――――――――

① 汤姆、迪克、哈里，是上文提到的平庸的国王。在历史课程上，要按照历史年表把他们的名字记下
　 来，无论他们多么不杰出。怀特海反对这个教法，他开了一个玩笑，背下他们的名字是要干什么
　 呢？要给他们都复活吗？恐怕也不会复活成功，还是打消了念头吧――不要去背那些国王的名
　 字了吧！――译者注
② 多数人想如何让图表跟生活跟课程联系起来的时候，会优先想到身边常见事物与情境，即机械
　 学、物理学事例。比如灯泡的亮度与功率的关系；比如想要切菜切得轻松，切菜的刀刃应该薄还
　 是厚？诸如此类，这种数量关系比较容易建立，也比较容易分析得到结论。怀特海没有举出这样
　 的事例，而是举了一个历史学的事例，是有意识地拓开大家的思路。既说明图表真实的好处，也
　 说明人的个体差异，扣回刚才驳斥统一校外考试制度的观点上。很显然，教师的教育天赋各不相
　 同，学生的品性各不相同，在应用知识上也各不相同。――译者注

同样地，我们用社会现象的统计资料与时间来打点做图表曲线，然后清除图表上一对类似事件之间的时间。我们能够推断我们在多大程度上展现了一种真正的因果关系，或多大程度上仅仅是时间上的巧合。我们注意到，对不同国家，我们可能使用了不同的社会事件统计数据与时间对照表，这样，通过对主题的适当选择，就可能得到一些肯定仅仅是展现巧合的图表。同样，其他图表可能会显示明显的因果关系。我们想要知道如何区分两者间的不同，因此继续按照我们的意愿来画图表。①

在考虑这种描述时，请你们务必记住我始终坚持的论点。首先，一种思维训练方式不会适合各种类型的所有儿童。例如，我想，手工灵巧的儿童会需要比我列举的更实在、更敏捷的东西。也许我错了，但我应该做这种推测。其次，我并不认为一次出色的讲座就能一劳永逸地激励出一个令人羡慕的班级。这不是教育进展的方式，绝不是！学生们始终在努力地解题，画图表，做实验，直到他们完全掌握了整个课题。我在描述各种解释，即在思维方面应给予孩子们指导。必须让学生们感到他们在学习某种东西，而不仅仅是在表演智力的小步舞。

最后，如果你教的学生要参加某种统一的普通考试，那么如何实施完美的教学就成了一个极其复杂的问题。你是否注意过诺曼式拱形结构②上那弯曲的花纹？古代的作品精美绝伦，现代的作品则粗陋不堪。其原因就在于，现代作品按精确的尺寸设计制作，而古代的作品则随工匠的风格而各自

---

① 怀特海生动地描述了社会现象分析中如何画图表，在他的描述中画图表不再是考试做题需要的，而是人有意愿主动去绘制，是有意义而又很有趣的事情。——译者注

② 诺曼式的拱形结构，圆拱形，可有美妙的花纹，十分精美，是英国诺曼王朝时期的建筑风格。建筑的精美，往往会反映出工匠虔信制造所传递出的庄严。这里怀特海通过建筑方面古典和现代的鲜明对比，让听众联想到教育。——译者注

变化。现代局促，古代舒展。现在的学生要通过考试，就要对教学的各个科目都给予同等的重视。但人类天生是一个适应并局限于一定生存模式的具有个体特殊性①的物种。某个人看见的是整个课题，而另一个人则可能只发现一些独立的例证。我知道，在为一种广博的文化而设计的课程中为个体特殊性留出余地似乎是矛盾的。但没有矛盾，世界会变得更简单，也许更单调。我确信，在教育中如果排斥个体特殊性，你就是在毁掉生活。

现在我们来看看普通数学教育中的另一个伟大的分支：几何学。同样的原理也适用于这门学科。理论部分应该层次分明，严密，简洁，有重要意义。对显示各种概念之间主要联系的一切非必要论点都应删除，仅应保留所有重要的基本概念。不应删除基本的概念，比如相似性和比例。我们必须记住，由于图形的视觉效果提供的帮助，在训练大脑推理演绎能力方面，几何是无与伦比的学科。当然，随后就能几何制图，它训练人的手和眼睛。

然而，几何与几何制图必须超越几何概念的范畴，跟代数一样。在相近的工业领域，机械和车间操作实践可作为几何学知识的适当延伸。例如，伦敦工艺专科学校在这方面取得了引人瞩目的成就。对许多中等学校来说，我建议使用测量和绘图法。尤其是平板测量法②可以使学生对几何原理的直接应用产生一种生动的理解。简单的绘图工具，一条测链，一个测绘罗盘仪，这些东西可以引导学生从勘测和丈量一块场地进而绘制一个小区域的地图。最优秀的教育在于能够用最简单的工具获得最多的知识。我反对给学生提供精制的工具仪器。绘制出一小块区域的地图，悉心考虑该区的道

---

① specialist，specialism 等词汇，此处译者考虑到共相、殊相的说法，翻译为个体特殊性。译为"差异"，或许也是合适的。但是译为"专门化"似乎不合适。——译者注

② 平板测量能够反映空间几何量，需要测量和绘图的技能，怀特海认为这种方法可以有效学习几何。——译者注

路、轮廓、地质情况、气候,该区与其他地区的关系,以及对该区居民地位的影响,这些会比任何关于珀金·沃贝克①或贝伦海峡②的知识使学生懂得更多的历史和地理。我的意思是指,就一个课题,不是做一场含糊不清的演讲,而是要进行认真的调查研究,这种调查通过准确无误的理论知识来确定真切的事实。一个典型的数学问题应该是:如此这般测量某一块场地,如此这般按某种比例尺绘制出它的平面图,并找到了它③。这是一种很好的程序,即提出必要的几何命题却不进行证明。然后在进行测量的同时学会证明。

　　幸运的是,专业化教育所提出的问题比普通文化教育提出的问题更容易些。原因是多方面的:一个原因是,须要遵守的许多程序的原则在这两种情况下是相同的,不必重新讲述;另一个原因是,专门化的训练,出现在或者说应该出现在学生课程的更高级阶段,此时可以利用比较容易些的材料。但毫无疑问,主要原因是,对学生来说,专业学习通常是一种具有特殊兴趣的学习。学生之所以学习某种专门知识,部分原因是因为他想了解这种知识。这就使情况大不相同了。普通文化旨在培养大脑的智力活动,而专业课程则是对于培养大脑的活动的运用。但不应过分强调两者之间这种简单的对立。正如我们所看到的,在普通的文化课程中,学生会对专业化的问题产生兴趣;同样,在专业学习中,学科外在的联系使学生的思想提升到其专业领域之外更广阔的空间。

---

① 怀特海举的历史知识的例子。Pekin Warbeck(1474—1499),一个著名的骗子,他是船夫的儿子,却声称自己是爱德华四世的次子,自称"理查四世"登陆英格兰。最终,他被抓并处以绞刑。——译者注
② 原文为 Behren's Straits,怀特海举的地理知识的例子。——译者注
③ "找到了它"可以理解成真正认识了这块地,知道它的面积等。——译者注

此外，在学习中不存在一种课程仅仅只传授普通的文化知识，而另一种课程仅仅只传授特殊的专业知识。普通教育中开设的一些专门学科旨在唤起学生对专业化课题进行专业化学习的渴望。另一方面，培养一种专门的爱好不失为促进普通脑力活动的方法之一。学习就像一件无缝的大衣，你没法分开。教育所要传授的是对思想的力量、思想的美、思想的条理的一种深刻的认识，以及一种特殊的知识——这种知识与知识习得者的生活有着特别的关系。

对思想结构的领会是有文化教养的人通过专门学习才能得到的。这种能力既有对通盘棋的辨别力，又能看到一组思想与另一组思想之间的关系。只有通过专门学习，人们才能领会一般思想的准确阐述，领会这些思想被阐述时它们相互之间的关系，领会这些思想对理解生活的作用。经过这样训练的大脑，思维变得既更抽象又更具体。它一直在受着这样的训练：理解抽象的思维，分析具体的事实。

最后，应该培养所有精神活动品质中最庄敬的特质，我指的是对风格的鉴赏。这是一种审美感，它基于欣赏，简单而毫不浪费，直奔可预见的终点。文学中的风格，科学中的风格，逻辑中的风格，实际做某件事的风格，从根本上说，都具有相同的美学特质，即实现和约束。爱一个科目本身以及为一个科目本身而热爱它，这种爱不是在精神的游艇甲板上来回踱步那种昏昏欲睡的快感①，而是体现于学习中的对风格的热爱。

这样，我们又回到我们开始讨论的地方，即教育的功用。按风格最完美

---

① the sleepy pleasure of pacing a mental quarter-deck，船身长度四分之一处，有露天上层甲板，在上面散步可以吹海风看海景，那种快感是放松式的。但是学习的快感绝对不这样，是有风格的，带着约束感，追求目标的实现。——译者注

的意义，它是受教育的文化人最后学到的东西；也是最有用的东西。风格无处不在。有风格的管理人员讨厌浪费；有风格的工程师会充分利用他的材料；有风格的工匠喜欢精美的作品。风格是意识的终极道德。[①]

在风格之上，在知识之上，还存在着某种捉摸不清的东西，这个东西就是力。力在风格之上，知识之上，就好像命运在希腊众神之上。风格让力量成形，并对力进行约束。但是，实现理想目标所需要的力毕竟是极为重要的。达到目标才是第一位的事。不要为你的风格而烦恼，先去解决你的问题，去向人们证明上帝的做法是正义的，去履行你的天职，或者去完成摆在你面前的其他任何任务。

那么风格对我们有什么帮助？风格帮助你直奔目标，使你无他顾之虞，避开细枝末节。有了风格，你可以实现你的目标。有了风格，你可以预见出行动的效果，这种预见的能力是神赐予人类的最后的礼物。风格会增添你的力量，因为你的大脑不会因枝节问题而分心，你将更可能实现自己的目的。风格是专家独享的特权。谁听说过业余画家能有什么风格？谁听说过业余诗人的风格？风格永远是专业化学习的结果，是专业化研究对文化做出的特有的贡献。

英国现阶段的教育缺乏明确的教育目的，因此才受到外部机构的损害，扼杀教育生命力。到目前为止，我在这次演讲中始终在考虑那些应对教育起决定作用的目的。在这方面，英国在两种意见之间犹疑不定：它还没有确定是培养业余爱好者还是培养专家。19世纪世界发生的深刻变化是，知识的增长使我们能够预见未来。我们所说的业余爱好者基本上是这样一种

---

① 原文为：Style is the ultimate morality of mind. ——译者注

人，他们有鉴赏力，在掌握某种固定的程序化的工作时具有多种才艺。但他们缺乏专业知识赋予一个人的预见能力。我此次演讲的目的，就是建议如何培养出具有业余爱好者基本优点的专家。英国中等教育的状况是，在那些应该柔韧而富有弹性的地方僵化刻板，而在那些应该严格精确的地方却松散不严谨。所有的学校都受到考试的束缚，为了生存它们不得不训练学生去应付严格的考试。学校的教职人员、学校环境、学校的学生以及它得到的捐款为学校创造了发展机遇，可惜没有一个校长能够自由地按照学校面临的机遇，发展普通教育或专业学习。我认为，所有以考核单个学生为目的的校外考试制度不会有效，只是徒增了教育方面的浪费。

首先，应该被考核的不是学生而是学校。每所学校都应根据本校的课程授予自己的毕业证书。对这些学校的标准应该进行评估和修正。但教育改革的首要条件是，学校必须作为一个独立的单位，应该有自己的课程，而这些课程是经过审批符合标准的、由本校教师根据学校自身的需要而设计制定的。假如我们不能保证这点，我们不过是从一种形式主义陷入另一种形式主义，从一团惰性思想陷入另一团惰性思想中。

一切有效保卫国家的体系中，学校是真正的教育单位。① 我曾设想过一种方法来代替以考核学生为目的的校外考试制度。但每个斯库拉女妖对面都有着她的卡律布狄斯②——或者换一种更通俗的说法，每条道路两边都有壕沟。万一教育管理部门认为可以把所有的学校教条地分为两三种类型，并强迫每一类学校采取一种刻板的课程，这对于教育来说同样是灾难性的。

① 有一种说法：教育是最好的国防。或许怀特海会认同这个说法。——译者注
② 斯库拉和卡律布狄斯（Scylla and Charybdis）。古希腊神话中，西西里岛之间有一个海峡，一面住着吃人女妖斯库拉，另一面住着会涡旋的大海怪卡律布狄斯。吃人妖怪也危险，大海怪也危险。所以这个谚语的意思是左右为难、举步维艰。——译者注

当我说学校是教育单位时，我的意思是指完完全全的教育单位。每所学校必须有权考虑自身的特殊情况。为了某些目的将学校分类是必要的，但课程不应该死板，课程应该容许学校教职人员修正。这个原则经过适当修改，也适用于大学和技术学院。

教育国家的年轻一代是一个重要的问题，当足够深入广泛地考虑这个问题时，想到教育中那些轻率、惰性将会导致绝望的生活、破灭的希望和全民族的失败时，你很难抑制心中的怒火。现代生活环境中，一个不重视培养智力的民族注定将被淘汰，这是一条铁律。如果教育失败了，你们所有的英雄行为、社交魅力、智慧以及曾在陆地或海上取得的胜利，这些都不足以改变命运。今天我们尚且能保持着自己的地位。明天科学又将向前迈进一步，那时，当命运之神对未受良好教育的人作出判决时，将无人为他们提出上诉。

我们可以对自有文明史以来人们普遍信仰的教育理想的概括感到满意。教育的本质在于它的宗教性。

请问，什么是宗教性的教育？

宗教性的教育是这样一种教育：它教导受教育者要担责任、知敬畏。责任来自于我们具有潜在控制力，能潜在地控制事物的发展过程。当可习得的知识能够改变结局时，无知即罪恶。而敬畏是基于这样的认识：现在本身就包含着全部的存在，向后也向前无限延展。现在是那漫长而完整的时间，它属于永恒。

第二章 教育的节奏

（1922 年伦敦师范学校协会上的演讲）

教育的节奏，我把它作为某种原理。对有教育经验的人来说，这个原理的实践应用是十分熟悉的。因此，当我一想到我是在向英国著名的教育家们发表演讲，我就不指望自己能讲出什么让你们觉得有新意的东西。但是，考虑到会影响一个原理的全部因素，我确实认为，人们对这个原则的讨论还不够充分。

首先，我要最直白地说明我所意指的教育节奏，这个说明要直白到能够明晰无误地阐明此次讲演的要点。我所说的这个原理是——**在学生智力发展的不同阶段，我们应该适时采用不同的课程，并配以不同的方式。** 你们会同意我的看法，认为这是众所周知的，毋庸置疑。我确实急于强调我演讲的基本思想的主要特点。原因之一是，诸位听众肯定会觉得这个原则是想当然的①。而我论述这一主题的另一个原因是，我认为，人们在教育实践中，并没有恰如其分地注意学生们的心理，因此没有很好地处理这个看似显而易见的真理。

幼儿期的任务

首先我对某些原理的适当性提出挑战，而学习科目的顺序往往按这些原理来划分。我这样说是想表明，唯有如此地说明这些原理，它们才能作为正确的原理为人们所接受。首先我们考量的问题是学业难度的标准。科目应该先学简单的而后学难的，这是不对的。相反，**有些最难学的东西恰恰必须先学**②，因为自然如此规定③，也因为它们是生命力必不可少的。婴儿面对的第一个需要智力的任务是掌握口语。要联系起声音和这些声音的意思，这是一个多么艰难的任务啊！这需要思想的分析和声音的分析。如我们所知，婴儿做到了，而婴儿这种奇迹般的成功是可以解释的。所有的奇迹都如此，然而对智者来说它们仍然是奇迹。我所请求的是，面对这样的例子，我们不要再说把较难的科目放在后面学这类蠢话了。

婴儿掌握口语之后再学什么？学习掌握书面语，也就是说，要把声音和

---

① 原文为：Because this audience will certainly find it out for itself. 在西方哲学传统里，"想当然的"是一种需要警惕的心态。因此在日常生活中如果把什么事想当然了，不加审视，肯定是出了问题的。——译者注

② 人生短暂，每一个学习期都有限，如果不能击破重难点而只是徘徊于简单、重复性的问题，将会造成生命的浪费，更糟糕的是，会形成先去做简单事情的思维定势，不利于个人的智能发展，广而言之，不利于整个社会的进步。——译者注

③ 原文为：Nature so dictates. 很想翻译成"自然如此立法"，又觉得似乎有点太夸张。但仍感觉怀特海的情感的调子，确实达到了这个程度。——译者注

字形联系在一起。天呐,我们的教育家们疯了吗? 他们在让这些咿呀学语的 6 岁儿童去完成一个圣贤哲人努力一生仍会感到气馁的任务。同样,数学中最难的部分是代数原理,可是代数却必须安排在比较容易的微分学之前。

我不准备进一步详细阐述我的论点,我只是重申:在复杂的教育实践中,把难点放在后面并不是解决问题的可靠顺序。

有关科目顺序,还有一个可供选择的原理是:必要的知识要先学。显然,在这个问题上我们有更可靠的依据。只有当你具备阅读能力后你才能读《哈姆雷特》[①];学习分数或小数之前你必须先学习整数。然而,如果仔细审视,这个让人深信不疑的原理也会失去效力。这个原则肯定是对的,但是只有当你给一门学习科目的概念确定一种人为的限制时这个原则才对。这个原则的危险在于,它在一种意义上被接受,从这个意义上来说它几乎是一个不容怀疑的真理;而在另一种意义上,这个原理是错误的,偏偏却在这个(错误的)[②]意义上被人运用。你没有具备阅读能力时不能读荷马的史诗;然而,许多孩子聆听母亲讲述的荷马史诗故事。在过去的年代里,许多成年人借助吟游诗人的诗歌,阅读《奥德赛》[③]的故事,在充满传奇色彩的大海上遨游。那些愚钝、却在教育机构里担当要职的人,不加鉴别地运用某些科目必要地优先于其他科目的原理,已经在教育中制造了干涸的撒哈拉沙漠。

---

① 《哈姆雷特》,莎士比亚的著名悲剧作品。——译者注
② 译者结合上下文补充。——译者注
③ 《奥德赛》,荷马史诗。与《哈姆雷特》一样,在英国是妇孺皆知、耳熟能详的故事,并不需要能够识文断字就可以感受和理解。中国的儿童不需要认识字,也一样可以知道《西游记》《三国演义》等很多故事。所以要先学一些必要知识作为基础再去学其他知识,是一个需要被限定的真理,不能随便运用。——译者注

心智成长①的各个阶段

我之所以用"教育的节奏"作为本次讲演的题目，是因为要批判当下正流行的思想。人们常常认为：学生的进步是一种均匀不变的、持续稳定的进展，并不因为类型或速率的改变而有所不同。例如，人们设想一个男孩，他如果 10 岁开始学习拉丁语，按照一贯不变的发展，到 18 岁或 20 岁时他便稳步发展成为一个古典文学的学者。我认为，这种教育观念是建立在一种对心智发展过程的心理学的错误认识上，这种错误认识严重地妨碍了我们教育方法的有效性。生命本质上是周期性的。它包括一日的周期，如工作和娱乐的交替，活动和睡眠的交替；也有季节的周期，它规定了学校的学期和假期；此外，还包括年的周期。这些是十分明显的周期，任何人都不能忽视。心智发展的周期，比起上述周期更为微妙，它们循环重复出现，每个循环周期总是各不相同，每个循环周期中还会出现从属的阶段。所以我选用了"节奏性的"这个词来探讨，旨在对一个重复的结构中不同阶段的差异的传达。教育呆板无效，忽视智力发展的这种节奏和特点是一个主要原因。我认为黑格尔②把发展分成三个阶段是正确的，他称这三个阶段为正、反、合③。不过，将黑格尔的这一概念应用于

---

① 本书中 mental growth 通常译为心智成长，intellectual progress 通常译为智力发展。与 psychology 相关的译为心理，与 spirit 有关的译为精神，与 mind 相关的大多译为头脑。——译者注

② 黑格尔（Georg Wilhelm Friedrich Hegel, 1770—1831），德国哲学家。——译者注

③ 正（thesis）、反（antithesis）、合（synthesis）。——译者注

教育理论时①,我认为他的这些术语不能很恰当地引起人们的联想。说到智力的发展,我要用浪漫阶段、精审阶段和贯通阶段来描述这一过程。②

浪 漫 阶 段

　　浪漫阶段是最开始领悟的阶段。在此阶段,讨论的主题具有生动的新颖性③;它包含自身未经探索的关系,这些关系半隐半现,可能一瞥就能看见半现之处,也可能因为那丰富的材料而半隐④。在这个阶段,知识还不受系统进程统领。浪漫阶段的知识系统一定是零敲碎打地被创造出来的⑤。这

---

① 因为怀特海的教育节奏命名灵感来源于黑格尔,有些读者可能会误以为怀特海的学术观点与黑格尔存在亲熟关系,但是怀特海在《自传》中非常明确地提出自己几乎能背诵康德《纯理性批判》,却不读黑格尔。"我未能阅读黑格尔的著作,我开始时曾打算研究他关于数学的一些言论,这些言论给我的感觉是:胡说八道。我很傻,但我没有打算写文章说明我的道理。"——《怀特海文录》第 8 页。而在怀特海的《过程与实在》中,谈及那么多哲学家,几乎没在黑格尔身上耗费笔墨。所以,怀特海在努力实现自己创立哲学母体般的思想体系时,没有把每一种思想都放进自己的篮子。他有自己的一己之见和一定之规,绝不是一味吸纳包容。与此同时,他最不能欣赏的思想家的一些思维方式或表达方式,他不妨又拿来己用。这点值得注意、思考和学习。——译者注

② 浪漫阶段(the stage of romance)、精审阶段(the stage of precision)、贯通阶段(the stage of generalisation)。此处的翻译借鉴了张岱年《怀悌黑的教育哲学》的译法(罗曼阶段、精审阶段、贯通阶段)。考虑到音韵的对仗,每个阶段都译成两个字,贯通确为融会贯通综合运用之意。——译者注

③ 新颖性(novelty)。在怀特海哲学著作《过程与实在》中,新颖性也是一个很重要的词。怀特海将创造性描述为"新颖性的原理"(第 21 页),而且"宇宙就是通向新颖性的一个创造性进展"(第 222 页)(页码为英文原版编码)。怀特海的教育思想与其哲学思想相通,既然浪漫阶段是新颖性的,可见浪漫阶段非常重要。这跟当时乃至时下人们更关注精准知识的获得是有区别的。——译者注

④ 在浪漫世界的广袤事实里,为什么有些事实明白显现而另有一些事实被遮蔽起来了呢? 为什么我们对一些事情感兴趣,觉得非常重要;而对另一些事情却熟视无睹,内心丝毫不起波澜? 所以浪漫阶段带着很强的审美属性,或者说是一种审美性的机缘。可以参考《思维方式》第一篇"创造的冲动"、《怀特海文录》中"论不朽"及《过程与实在》的相关篇章来理解。——译者注

⑤ 原文为:Such system as there must be is created piecemeal *ad hoc*. 直译为:这里的系统被创立是特别的、零碎的。一个零碎的、不能推广至普遍的系统其实也不太能算是系统,这就是如果勉强要说浪漫阶段有知识系统的话,也只不过会是一个这样的系统。——译者注

时我们尚处于直接认识事实的阶段，只是偶尔对事实做系统的分析。浪漫的情感本质上是一种兴奋，从接触未经修饰的事实，到开始认识事实间未经探索的关系的重要意义，这种转变会引起某种兴奋。例如，克鲁索①只不过是一个男人，沙土只是沙土，脚印只是脚印，岛屿就是岛屿，欧洲是人类熙来攘往的地方。可是，当你突然认识到克鲁索、与沙土、与脚印、与欧洲隔绝的荒岛有关，想到半隐半现的种种可能性时，浪漫的情感就会产生。我在说明这点时不得不用这一极端的例子，以确保我的意思明确无误。但是，我把它看作是代表发展循环期中的第一个阶段的象征。从根本上说，教育必须是将已存在于大脑中的活跃而纷乱的思想进行有序的排列——你不能教一个真空的头脑。当我们设想教育时，往往易于将它局限于循环期的第二阶段，即精审阶段。如果我们不是误解了整个教育难题，我们不会如此限定我们的任务。从大脑最初的纷乱，到掌握精审的需求，以及随后取得的成果，我们都给予同样程度的关注。

精 审 阶 段

精审阶段也代表对知识的一次增补。在这个阶段，知识的广泛的关系要由系统阐述的精确性来统领。这是文法规则的阶段——语言的文法和科学的文法。在这个发展阶段，要使学生一点儿一点儿地接受一种被给定的分析事实的方法。新的事实不断增加，但这是一些适合于分析的事实。

显然，如果没有前面所说的浪漫阶段，精审阶段是无结果的：如果对事

---

① 事例出自《鲁滨逊漂流记》的片段，其作者是丹尼尔·笛福。克鲁索就是鲁滨逊的名字。——译者注

实的广义一般性尚且没有一个懵懵懂懂的认知，分析必定是毫无意义的。它不过是一系列关于单纯事实的无意义的陈述，是人为制造出来的，没有任何更多的意义。我要重申一点：在这个阶段，我们并不只是停留在浪漫阶段产生的种种事实的范畴。浪漫阶段的事实，打开了具有广泛意义的诸观念的可能性。而在精审阶段，我们按照系统的次序去获得其他事实，从而对浪漫阶段的一般内容作出揭示和分析。[①]

贯 通 阶 段

最后的贯通阶段相当于黑格尔的"合"。在补充了分类概念和相关的技能后，贯通阶段是对浪漫的复归。这是以精审训练为目标所得的成就。这是最后的成功[②]。我担心我对一些显而易见的观念做出了一种枯燥无味的分析。但我必须这么做，因为在下面的论述中，我预先假定我们对由三个阶段组成的循环期的基本特点已有清晰的概念。

---

① 原文为：and in the stage of precise progress we acquire other facts in a systematic order, which thereby from both a disclosure and an analysis of the general subject-matter of the romance. 怀特海在《过程与实在》中，第二个部分，即其机体哲学思辨体系的讨论与应用的部分，专门谈论了"过程"的三个阶段：(1)反应阶段，(2)补充阶段，(3)满足。我们不妨把怀特海的教育观念与其哲学观念之间做出一种对应，不难发现两者之间的一致性。字里行间，我们很容易发现，精审阶段其实正是对浪漫阶段所获得事实的补充，而这种补充包括两个层次：1.把浪漫阶段那些懵懵懂懂的混乱的事实进行整理，让它们得到清晰的分类，质询其原因。曾经是异己性的外来知识，经历了这样的整理变为"我"的一部分。2.以浪漫阶段所获得的事实为依托，继续扩展事实的获取，而此时的获取不再是懵懵懂懂的混乱一团，而是系统性的、有次序的。换言之，这时的事实获取是理性的。这些补充最终会导致过程的进境达到一个"完全的成功"式的满足，即跟其他事实或知识融汇贯通，获得了应用实践的机会，并因此开启新的未知领域，进入新的浪漫阶段。——译者注
② "最后的成功"由理性补充所推动，寻求实践应用的机会，并因此获得新的浪漫反应。传统教学中，学生仅是掌握了精确的书本知识，没有融会贯通，因此没有新的浪漫，由此导致了思想的怠惰。——译者注

循环的过程

教育是这类循环周期的不停息的重复。从微观层面看，每一节课也应该以其自身的方式构成涡旋式的循环，引导出其后续过程。较长的时期一定要得出明确的结果，以形成新一轮循环周期的起点。我们应该摈弃那种把教育想得又长远又虚幻的观念①。如果老师能够恰逢其时地对学生节奏性的学习渴望给予满足，对学生取得的成就给予激励，学生一定会连续地为某些成就而喜悦，不断地开始新的学习。

婴儿最初的浪漫体验，是他认识到自己能够理解事物并领会事物间的逻辑关系。儿童智力发育的外在表现是，他注意把自己身体活动与自己的感知能力相协调。他的第一个精审阶段是掌握口语，把口语作为他所观察研究的事物分类的工具，口语加强他对自己与其他事物之间的感情关系的理解；他的第一个综合运用阶段是语言的运用，将对事物的乐趣进行分类和扩展。

从获得知觉到掌握语言，从掌握语言到获得分类思维能力和更敏锐的认知能力——这是智力发展的第一个循环，这个循环还需要进行更为细致的研究。这是我们可以按其纯自然状态进行观察的唯一的智力发展期。以后的循环周期必然会受到当前教育方式的影响而有所改变。最初的这次循环中有一个特点——他获得了完全的成功——这个特点在随后的教育中往往令人悲伤地缺失了。这个循环期结束时，儿童学会了说话，他头脑中的观

①原文为：We should banish the idea of a mythical，far-off end of education. ——译者注

念已进行了分类,他的认知能力也变得敏锐了。这个循环达到了目的,它远远超过了大部分学生在大多数教育制度中所能取得的成绩。但为什么会如此? 毫无疑问,当我们想到摆在婴儿面前的任务何其艰巨,就会觉得他在智力发展方面几乎没戏了。我想,(婴儿期的成功)①是因为婴儿周围自然的环境为他布置了一项正常发育的大脑完全能适应的任务。一个儿童学会说话从而更好地思维这个事实,我不认为有什么特别神奇之处,但这确实为我们的反思提供了资料。

在随后的教育中,我们还没能找到(能像婴儿期那样的)②一个循环周期,能够在有限的时间内自然发展,在自身限定的领域内取得完全的成功。这种成功是婴儿自然循环周期中的一个显著特点。后来我们让儿童开始学习某种科目,比如 10 岁学拉丁语,希望他通过统一的正规训练后,在 20 岁时取得成就。结果自然是失败,无论是在孩子对拉丁语的兴趣方面,还是成绩方面。这里,我使用了"失败"一词,是把这个结果与第一个自然循环周期中的巨大成功相比较。但我并不认为这种失败是因为这些任务本身太困难了,因为我知道婴儿阶段的循环周期才是最难的。失败的原因在于,这些任务以一种非自然的方式设定给他们,没有节奏,没有中间阶段成功所带来的激励,也没有专注。

我还没有谈专注这个特点,婴儿的发展明显地跟专注联系在一起。婴儿的全身心都专注于他的循环周期中的训练,没有任何其他东西能够转移他智力发展中的注意。在这方面,这个自然的循环周期与随后学生阶段(非

---

① 译者根据上下文补充。——译者注
② 译者根据上下文补充。——译者注

自然的)①的发展之间存在着明显的差别。显然,生活是多姿多彩的,因而人们的精神和智力自然也会多方面地发展,以使他们适应于他们色彩各异的世界,他们的人生就在这世界之中。然而,考虑到了这个事实,我们为随后的每个循环周期保留一定的专注是明智的。尤其是,我们应该在循环周期的同一阶段中避免各种不同科目间的竞争。旧教育的弊病在于,仅有未分化的、单独一门科目②,无节奏地专注这门科目。我们今天的教育体制强调一种初级的普通教育,能够容忍把知识解析到不同的科目中去,这同样是没有节奏地积累那些让人分心的废料。我呼吁,我们要努力在学生的头脑中形成一幅和谐的图案。按照学生的直观理解,不同的教学内容各有其内在价值,我们要把这些教学内容调整到各自从属的循环周期里去。我们收获每种粮食都必须符合节令。

青春期的浪漫

我们现在来看看我在前面的讲演中所论述的观念的一些具体应用。

最初的儿童循环周期之后,紧接着是青春期的循环周期,这个周期以我们经历过的最浪漫的阶段开始。正是在这个阶段,人的性格成型了。孩子在青春期的浪漫阶段所形成的特点,将决定他未来的生活,如何以理想塑形,如何以想象着色。在儿童掌握口语和阅读能力,且因而获得综合运用能

---

① 译者根据上下文补充。——译者注
② 怀特海说的"我们今天的教育"已经是 19 世纪、20 世纪的教育了,那时候已经有了许多不同的科目;此处,怀特海所说的旧教育,按照单一、未分化的课程特点来猜测,大概应该是指西方传统中的柏拉图式的教育,即后文中提到的 liberal education。——译者注

力之后,青春期的浪漫随之迅速到来。婴儿循环周期的综合运用阶段相对地较短,因为婴儿期的浪漫素材很少。在"知识"一词的任何一种被发展的意义上说,这个世界最原初的知识就始于第一个循环周期的成就,然后进入到无与伦比的浪漫阶段。各种观念、事实、关系、故事、历史、可能性、艺术性,以词语、声音、形状和色彩的形式,一齐涌入儿童的生活,唤起他们的感情,激起他们的鉴赏力,激发他们也去做类似的事情。可悲的是,儿童时代的金色年华却常常被笼罩在填鸭式教师的阴影里。我说的是儿童时代中大约四年的时间,粗略地说,是在约 8 岁到 12 岁或 13 岁之间的这段时间。这是运用母语的第一个重要阶段,发展了观察和操作的能力。婴儿不可以操作,但儿童可以;婴儿不会观察,但儿童会;婴儿不会通过对话语的追忆来保留思想,但儿童能。因此,儿童进入了一个新世界。

当然,精审阶段通过在小循环周期里反复出现使自身延长。在伟大的浪漫中,这些小循环周期形成涡流。提高书写、拼写和计算能力,以及掌握一系列的简单事实,例如英国的历代国王,这些都属于精确的内容。作为对儿童专注集中的训练,或者是作为有用的学识,这些都是十分必要的。然而,这些内容在本质上是支离破碎的。与此同时,伟大的浪漫如同洪水一般涌向儿童,把他推向精神世界的生活①。

---

① 原文为:The great romance is the flood which bears on the child towards the life of the spirit. 读"教育的节奏"一章,怀特海批判了人们不加辨识地使用"先易后难"原则和"必要的知识要优先学"原则。那么在怀特海认为应该先学什么呢?从此言可见,浪漫如同洪水一样席卷学习的过程。译者认为,如果非常粗略地将其总结成一个原则的话,可以归纳为"浪漫优先"。唯有强烈的愤悱,才能有所启发,才能全神贯注,才能获得精确的知识和理性省察,达到可以融会贯通的阶段。没有浪漫,就没有教育的节奏,或说成,被排除在教育节奏之外。——译者注

蒙台梭利教育体系①的成功之处在于，它承认浪漫在这个成长期占主导地位。如果这种解释成立的话，它也同样指出了该教育方法在实用价值上的局限。对所有浪漫阶段而言，这种教育体系在某种程度上是必不可少的。它的精髓是对生动的新鲜感的浏览和激励。但是，它欠缺伟大的精审阶段的那种必要的约束。

语言的精通

当儿童在成长循环进程中临近伟大的浪漫的结尾，他开始倾向于精确的知识。此时，语言自然地成为他全神贯注地进击的主题。这是他非常熟悉的一种表达方式。他了解一些反映其他文明和其他民族的生活的故事、历史传说和诗歌。因此，从 11 岁开始，儿童需要越来越专注于语言的精确知识。最后，从 12 岁到 15 岁，这三年时间应该专攻语言，从而实现明确计划好的、本身就值得拥有的好结果。我猜，如果在这段有限的时间里，给定足够的浓度，那么这段时间结束时，我们可以要求儿童已经掌握了英语，能够流利地阅读十分简单的法语。而且完成了拉丁语基础阶段的学习，我指的是，精确认识拉丁语法中更直截了当的部分，拉丁语句子结构的知识，以及阅读一些拉丁语作家的合适的作品片段。这些片段可能简化了，还常常因为辅以最优美的译文而获极大助力。这样，儿童们阅读原文，再加上译文，就能够以一个完整的文学作品来把握这本书。我想，在学习英语、法语

---

① 蒙台梭利（Maria Montessori，1870—1952），还可见"蒙特梭利"等译法。她是意大利第一位女性医学博士。她创办了"儿童之家"，著有《运用于儿童之家的科学教育方法》等著作，引起很大的社会反响。她被杜威誉为"历史上最伟大的女教育家"。——译者注

和拉丁语这三种语言时，智力一般的儿童也能达到这种水平。除非他因为学习其他各种要求精确性的科目，分散了注意力。一些天赋更高的孩子会走得更远。对这些孩子来说，拉丁语并不难。所以，假如他们的兴趣是在文学方面，而且他们在未来几年里还打算要继续学习希腊语的话，他们在这个阶段结束之前就可以开始学习希腊语。在这个时间表中，其他科目占次要位置，因此我们的态度也将有所区别。首先，那些文学性的科目必须要记住，例如历史，大量地被提供用来进行语言学习。如果没有教给学生一些欧洲历史知识，他们几乎不可能阅读英国文学、法国文学和拉丁文学。我的意思并不是要放弃一切专门的历史教学。不过，我确实要建议：历史学科应该用我前面所说的浪漫精神来表现，而不应该让学生参加那种系统化的、需要准确记住大量细节的考试。

在这个生长期，科学应处于浪漫阶段中。学生应该独立领会，独立实验，仅有一点零碎的精审思想。不论是对理论感兴趣，还是以技术为目的，科学的重要性的实质在于将科学在具体细节中的运用，而每一次这样的运用都会引出一个新的研究题目。因此，科学方面的一切训练都应该从研究开始，以研究结束，抓住事件发生的本质。适合这个年龄的正确的指导形式，科学实验的准确的限定，都要寄赖于教师的经验。但我恳请大家相信，这个成长期正是科学的浪漫的好时候。

专注于科学

到了 15 岁，语言上的精确时期和科学上的浪漫时期都接近尾声，接下来是语言上的贯通时期和科学上的精审时期。这应该是一个短暂的时期，但是至关重要。我认为,这段时期大概在一年左右,这无疑会改变先前课程之间的平衡关系。这个时期,应该专注于科学的学习,而相应减少语言方面课程的学习。这一年时间科学的学习,紧随着前面浪漫的顶峰,应该让每个人都理解力学、物理学、化学、代数学和几何学诸学科发展的各种主要原理。所谓理解,不是他们才刚刚开始学习这些科目。当他们通过系统地阐述学科的主要观念,把以前不同学科的研究能够融合在一起,这才是理解。以我多少有些熟悉的代数学和几何学为例,在之前三年里,学生已经学习了将最简单的代数公式和几何命题应用于解决测量问题,或其他关于计算的科学工作。用这种方式,强调用确切的数字表达结果,学生们加强了算术知识,也熟悉了用字母来表达公式和几何命题的概念,还有一些简单处理问题的方法。在适应各种科学观念的过程中,没有很多时间可以浪费。学生们已经准备好去学习那些他们应该完全掌握的少量代数学原理和几何学原理。此外,在前面的时期,一些男孩子表现出数学方面的天赋,他们将会继续有所发展。而且在最后一年里,他们要以牺牲某些其他科目为代价,侧重于数学的学习。这里我只是以数学为例来加以说明。

与此同时,语言学习的循环周期正处于综合运用阶段。在这个阶段,语法和作文方面的精确的学习停止了。语言学习被定义为阅读文学作品,着重于作品的观念和作品所嵌入的历史背景。分配给历史课的时间是一段为期短暂的精审研究的时期,用于确切说明在某一重要时代发生了什么事情,也用于表明如何对人物和政策作出简单的判断。

至此,我已扼要地勾勒出了从婴儿阶段到大约十六岁半这段时间教育发展的过程,且着重于生命有节奏的搏动。以这样的方式,普通教育教会学生从始至终专注而活力饱满是可行的。精审阶段,总是说明那些已经被赏鉴过的主题,又迫切寻求猛烈的解决①。每个学生将会依次把精力集中专注于各个不同的科目,而且将会知道自身能力所在。最终,理科学生将既得到非常宝贵的文科教育,同时在他们可塑性最强的年龄阶段,初步养成在科学领域里独立思考的习惯——这是在所有目标中我发自内心最珍视的一个。

在 16 岁之后,出现了新的问题。对文科学生来说,科学知识的学习这时进入了综合运用阶段,主要是以讲座的形式阐述科学的主要成果和一般观念。语言、文学、历史诸学科开始了学习的新周期。但这时更多的细节已不再必要。对于学习科学的人来说,精审阶段要继续到中学课程学习结束,学生会提升对更广泛的一般观念的理解。

然而,这个教育阶段所存在的问题太个体化了,至少可以分解成太多的个案,以至于不可能有普遍通用的解决办法。但是,我仍然建议所有的科学家们现在应该继续学习他们的法语。如果他们还没有掌握德语的话,那么就开始学习吧。

大 学 教 育

如果你们还愿意继续听,我现在愿意谈谈与大学教育有关的那些思想观念的重要意义。

从婴儿到成年的整个成长时期形成了一个大循环周期。在这个循环周

---

① 原文为:Thus precision will always illustrate subject-matter already apprehended and crying out for drastic treatment. 在精审阶段,一方面追求对知识的深刻理解,一方面也为贯通阶段积累能量,蓄势待发。此句话,能非常好地体现出精审阶段那种承前启后的重要的理性的功能。怀特海在《理性的功能》中谈到了两种理性:(1)柏拉图式的理性,寻求一种完全的理性。(2)尤利西斯式的理性,寻求一种直接的行动方法。可以作为此处的一种辅助的理解。——译者注

期里,浪漫阶段覆盖了儿童生活最初的十几年,精审阶段包含青少年在中等学校接受教育的整个时期,而贯通阶段则是青年迈向成人的阶段。对于那些完成义务教育后继续接受正规教育的人来说,大学课程或相当于大学水平的课程属于伟大的融会贯通的时期。综合精神应主导大学教育。大学的讲座应该面向那些业已熟悉细节和过程的人。换言之,至少他们先前进行过适合这些细节和过程的训导,因此很容易掌握它们。在中学阶段,学生们在心理上伏案于课业;而在大学里,他们应该站立起来并环顾周围。正因如此,大学的第一年若是仍然在用旧的理念重温旧的功课,那真是致命的错误。在中学,学生通过艰苦的努力,从特殊具体的事实到初步了解一般的概念;而在大学,他们应该从一般概念开始,研究如何将这些一般概念应用于具体的实例。设计完好的大学课程是对普遍规律进行的广泛研究。这种研究不能脱离具体事实,我认为,应该对具体的事实进行研究,从而说明一般的概念。

心智能力的培养

这是大学教育中的一个方面,在这里,理论兴趣和实践运用相结合。不管你向学生灌输的是什么细节,他在以后的生活中遇到这种细节的机会都微乎其微。即便他确实遇到了这个细节,或许他那时早已忘记了你曾教过他。真正有用的教育是使学生透彻理解一些普遍的原理,这些原理适用于各种不同的具体细节。在随后的实践中,这些人将会忘记你教他们的那些独有的细节。但他们会记起在即刻的境况中如何应用这些原理,凭他们潜意识的判断力。直到你丢失了教科书,烧掉了你的听课笔记,忘记了你为考试而用心背熟的细节,你才算是真的学会了。在细节方面,无论什么,你时刻需要的那些,如朗朗清晰的日月,坚守于你的记忆之中;你偶然需要的那些,可以在参考书中查到。大学的功能是使你摆脱细节、掌握原理。当我提到原理时,我甚至没有想到它的口头表述。原理已经浸润了你,与其说原理是一种正式规范的陈述,还不如说是一种心智的习惯。当具体的情况对大脑适当刺激,这种心智习惯就成了大脑对刺激的反应方式。没有人会随着清晰而有意识的知识行事,没有人在做一件事的时候,脑海里自动地出现他清晰掌握的知识①。所谓智力培养只不过是指,人在行动时大脑以一种令人满意的方式进行运转。学习常被如此言说,犹如我们在看着我们读过的所有书籍的翻开的书页,然后,当机会出现时,我们选取正确的那一页,大声读给世界。

幸运的是,真理远非如此不成熟的观念。因此,纯知识的追求和专业知识获取之间的对立,少于以错误的教育观做出的预期。我可以换一个说法来阐述我的观点:一所大学的理想,不在于知识,而在于力量。大学要做的事是把儿童的知识转化为成人的力量。

成长的节奏特点

我以下述两点结束我的讲演。我希望以提出告诫的方式,向你们提出这两点,以说明我的意思。本次讲演的要点是成长的节奏性特点。人内在

---

① "脑海里出现"和"清晰掌握",两者之间有冲突。我们特别清晰掌握时,做事就会像一种本能,自然而然地去做。只有当我们不太熟悉、非常紧张而谨慎地做事时,才会不停地在脑海中思考。——译者注

的精神生活宛如一张网络，由千丝万缕织成。这千丝万缕不会按照统一标准的长度延伸和编织。我曾观察过中等资质的儿童，在比较顺利的环境里，各种能力的正常发展，试图以此来说明这个真理。我或许曲解了这种正常的现象，因为证据复杂而难于辨认，我的这种误解是完全可能的。但是，不要让这方面的任何失败，使你们对我要强调的主要论点产生偏见。智力的发展呈现出节奏性，这种节奏包含着彼此交织的若干循环周期，而整个过程作为小旋涡，又受一个大的循环周期的主导，这个大循环周期跟小循环周期的特点相同。而且，这种节奏显示出某种适用于绝大部分学生的确定的一般法则。我们的教育质量必须要作出调整，以适应学生智力发展的节奏的相应阶段。课程问题不是一些科目的轮换，从根本上说，所有的科目都应该在智力发展的启蒙时期开始。真正重要的顺序，是教育进程应当呈现出的质的顺序[①]。

我要告诫的第二点是：不要过于夸大一个循环周期中三个阶段之间的明显差别。我强烈怀疑，你们当中很多人，在听我详细论述每个循环周期中的三个阶段时，会跟自己说："数学家多么喜欢做这种正式的分类啊！"[②]我可以肯定地告诉你们，我犯着我告诫你们必须避免的那种错误，而让我犯错误的不是数学，而是文学上的无能为力。当然，我是指各阶段的侧重不同，主要特质不同——浪漫、精审、贯通，自始至终存在着。但是，各阶段交替主导，正是这种交替构成了各个循环周期。

---

① 原文为：The truly important order is the order of quality which the education procedure should assume.——译者注
② 数学家，指怀特海本人。——译者注

第三章　自由与训导的节奏性主张

（1927 年刊载于 *Hibbert Jounal*）

　　理想的式微是人类的努力遭遇挫折的可悲证明。在古代学校里，哲学家们渴望传递智慧。在现代大学里，我们的卑微的目标却是教一些科目。从古人以神圣的智慧为目标，跌落到现代人要获得各个科目的文本知识，这标志着教育的失败。我不是要说古人的教育实践比我们成功。只要你读卢奇安[①]，你就会注意他对笔下各派哲学家们那自命不凡的主张做出的戏剧性的嘲讽，在教育实践这个方面古人并不比我们更高明。我的观点在于，欧洲文明破晓时，人们最初满怀理想，那些理想是能激励教育的；渐渐地，我们的

[①] 卢奇安(Lucian，约 120—180)，古希腊修辞学家和讽刺作家，以系列对话集闻名，讽刺时弊。——译者注

理想沦落到要去符合实践①。

但是，当理想降低到了实践的水平时，其结果就是停滞。尤其是，一旦我们把智力教育仅仅当作是机械化获得知识的能力，当作在对有用的原理作程式化的陈述，那么就不可能有任何进步；尽管还会做许多活动，对课程大纲做无目标的重排，在试图避免时间不足的问题上所做的无果的努力②。我们必须接受一个无可回避的事实——上帝创造一个有很多话题的世界，绝对无法以一个凡人的能力来获得这世界的全部知识。罗列出每个人都应该掌握的各种学科，这个解决问题的路径是毫无希望的。知识的科目太多了，各自都充分具备存在的理由。这种知识材料的过剩对我们而言或许是一种幸运。对重要原理处于一种愉快的无知状态，这使世界变得更有趣了。我非常希望向你们表达的是：虽然传授知识是智力教育的一个主要目标，但智力教育还有另一个要素，模糊却更伟大，因而在重要性上更占统治地位——它被古人称之为"智慧"。不掌握某些基本知识你就不能聪明，但你在轻易获得知识后可能仍然没有智慧。

智慧是掌握知识的方式。它关乎知识的处理，它为相关问题的确立作出选择，它为我们的直接经验追加价值。这种知识的掌握，即智慧，是可以获得的最亲密的自由③，古人清楚地认识到——比我们更清楚地认识到——

---

① 人们很喜欢说类似"从实际情况出发"这样的话，无论是理论或者梦想，我们都希望更接近实际情况。所以，猛然接触到怀特海这个观点，读者们还是会觉得很新鲜、很另类，但是仔细想来很有道理，也很受触动。如果理想要以现实为基准来设立，那么理想是多么卑微，又有多少为之奋斗的动力呢？只有足够高于现实的理想，才有理想的价值。——译者注
② 如果没有对教育理想的深刻认识，无论是重新调整大纲，或者是省时、高效的设想，都是苍白无力的。尤其是时间不足这个问题，如果不从根源上作出调整，再长的时间都会不足。而现实就是，时间对生命机体来说，注定是有限的、不足的。——译者注
③ 原文为：This mastery of knowledge, which is wisdom, is the most intimate freedom obtainable. ——译者注

知识由智慧统领的必要性。但是他们追求智慧却在教育实践领域中犯了错，他们错得可悲。简而言之，他们通行的教育实践假定：智慧是可以通过哲学家滔滔不绝的讲演传递给年轻人。所以，那一时期的学校出现了一大批不靠谱的哲学家。通往智慧的唯一的途径是在知识面前的自由，但通往知识的唯一途径是对有次序的事实进行获取时的训导。自由和训导是教育的两个精髓，所以我今天讲演的题目便是"自由与训导的节奏性主张"。

自由与训导在教育中的对立，并不像我们对这两个词的意思进行逻辑分析时所想象的那么尖锐。学生的大脑是一个不断发育的有机体。一方面，它不是一个箱子，要被人无情地塞进异己的观念；另一方面，对正在发育的大脑来说，有序地获取的知识是天然的食品。因此，一种结构完美的教育的目标应该是——训导是自由选择的自发结果，而自由因为训导而获得丰富的可能性。这两个原则，自由和训导，它们并不对立，它们应该在儿童的生命中被调和达到相辅相成，自然地摆动，来回地摆动①，个体化地发展。这种发展中协调自由与训导形成自然地摆动，就是我在别处提到的"教育的节奏"。我确信，过去许多令人失望的失败都是由于对这种节奏的重要性缺失关注。我的主要立场是，在教育的开头和结尾，占据统治地位的是自由。但

---

① 原文为：The two principles, freedom and discipline, are not antagonists, but should be so adjusted in the child's life that they correspond to a natural sway, to and fro, of the developing personality. 此处，怀特海建构了教育节奏的另一种形象：自由和训导之间来回地自然摆动：自由—训导—自由—训导—自由……如果机械地把教育节奏的各环节一一对应，就会出现一种困惑：自由（浪漫）—训导（精审）—自由（贯通）—训导（？）。是不是怀特海在自相矛盾呢？译者认为有两个办法来纾解这种困惑：方法一，参照怀特海在第二章"教育的节奏"末尾提到的"不要过于夸大一个循环周期中三个阶段之间的明显差异"，不要太生硬地、一段一段地去切割几个阶段，能够和谐自然地去理解节奏性发展的进阶过程；方法二，凡是贯通运用，都意味着知识和事实的新颖性的联结，都必然引起浪漫。或者说，每个浪漫都是贯通运用的结果。因此，在理解时或可以这样对应：自由（浪漫）—训导（精审）—自由（贯通—浪漫）—训导（精审）—自由（贯通—浪漫）—……仅供读者参考——译者注。

是有一个中间阶段由训导来占据统治地位,这时自由从属于训导。我还认为,自由—训导—自由三重循环不是单个儿的,而是所有精神发展是由多个这样的三重循环阶段以及这种循环的循环而组成的。每个这样的循环可看作是一个单独的细胞,或者可看作是一块砖;成长的完整阶段是这种细胞的机体结构。在分析任意一个这样的细胞时,我把第一个自由阶段叫"浪漫阶段",中间的训导阶段叫"精审阶段",而最后的自由阶段叫"贯通阶段"。

现在,让我在更多细节之处解释我自己。心智成长离不开兴趣。兴趣是专注和欣赏的必要条件①。你可以用教鞭来引起兴趣②,或者通过愉快的活动激发兴趣。无论如何,没有兴趣就不会进步。享受是激发生命有机体进行合适的自我发展的自然方式③。婴儿能适应周围的环境,因为母亲和保姆的爱;我们吃饭,因为我们喜爱美味的菜肴;我们征服自然的强力,因为我们受一种永不满足的好奇心的驱使;我们喜欢运动锻炼;我们能快意于非基督徒式的激情,仇恨危险的敌人。毋庸置疑,痛苦也是促使有机体行动的一种的方式,但这只是次要的,是在缺乏欢乐之后才发生;快乐才是激励生命的自然、健康的方式。我并不是说我们可以安然无事地沉溺于肤浅的快乐中,我的意思是,我们应该寻找一种自然地活动的模式,而它本身又是令人愉快的。居于次要地位的严格训导必须保证有长远的益处。尽管合适的目

---

① 必要条件,原文为: sine qua non. ——译者注
② 目前执教的要求之一是禁止一切体罚。我们可以揣度,怀特海所处的时期和环境,以教鞭引起学生的兴趣是被允许的。学生由于担心被惩罚,而专注于某些知识的学习,暂时把其他事情忘却一旁。我们可以看出,尽管怀特海更强调乐学,但是他并不完全否认教鞭之下所产生的兴趣。——译者注
③ 原文为: Now the natural mode by which living organisms are excited towards suitable self-development is enjoyment. ——译者注

标不能定得太远，但还是要有一个长远的目标，来保持必要的兴趣①。

我想说的第二点②是：空泛的知识是不重要的，甚至是邪恶的。知识的重要性在于它的应用，在于人们对它的积极的掌握，也就是说，（知识的重要性③）在于智慧。人们习惯上认为，知识本身——与智慧割裂开来——会使知识的拥有者享有一种特殊的尊贵。我不赞成对知识如此尊重。知识的价值完全取决于谁掌握知识，以及他用知识来做什么。增益品格伟大之处的知识是这样一种知识，它改善每一方面的直接经验。正是因为知识活动性方面的原因，在教育中过分地强调训导是很有害的。只有在恰当的自由氛围中，才能形成生动活跃的思维习惯。一味不加区分地训导使大脑变得麻木，因而击溃自己的目标。如果你经常接触学校和大学出来的年轻人，你很快就会注意到一些人头脑的迟钝，而他们头脑迟钝是因为他们上学时获取的就是惰性的知识。我们教育失败的回馈之一就是英国社会在学习方面可悲的论调。这种急于传授知识（仅是知识，不关乎智慧）④的做法只会适得其反。人的大脑拒绝接受以这种方式传授的知识。青年人天生渴望扩展和活动，如果用一种枯燥的方式将受训导束缚的知识强加给他们，会使他们感到厌恶。当实行训导时，应该满足人对智慧的一种自然渴望，因为智慧可以使原初的经验具有价值。

现在让我们更仔细地考察人类智力的这种自然地渴望的节奏。大脑在

---

① 怀特海认为保持必要的兴趣需要设立长远目标，或许因为，太容易实现的梦，就会减弱其实现的喜悦，从而使其失去兴趣的激励作用。——译者注
② 这里比较明确地提出了第二点，但是前文没有明确说到第一点。根据行文推断：第一点是上一段提到的"兴趣是专注和欣赏的必要条件"；第二点是，知识的重要性在于智慧，即知识的积极掌握和运用。——译者注
③ 译者根据上下文补充。——译者注
④ 译者根据上下文补充。——译者注

一个新环境里程序运行的第一步，是在众多杂乱的概念和经验中进行某种推论活动。这是一个发现的过程，一个逐渐习惯于奇特想法的过程，想出问题，寻找答案，设计新体验，关注新的探险活动会引起什么结果。这个普遍性的过程既自然又十分有趣。我们会常常注意到：8 岁到 13 岁的孩子处在这个过程的骚动中。在这里，奇妙支配一切，破坏奇妙的蠢人应该受到诅咒①。毫无疑问，这个阶段的发展需要帮助，甚至需要训导，大脑活动的环境必须经过精心的挑选。当然，选择的环境必须适合孩子的成长阶段，必须适应个人的需要。从某种意义上说，这是无中生有的过分要求；但从更深一层意义上说，这是对儿童发出的生命呼唤的回应。在教师的观念里，儿童是被送到望远镜前去看星星；但是，在那个儿童看来，他被给予了那一片灿烂的星空的自由通道。我们要改变这种强制性的常规做法，无论在哪儿，也不管这种改变多么隐微，否则即便是最愚笨的孩子，他的天性也会拒绝吸收外界陌生的知识材料②。永远不要忘了，教育绝不是往行李箱里装物品的过程。这个比喻就像个笑话，完全不适合。教育当然是一种具有自身特点的过程。与这种过程最相似的是生物有机体吸收食物的过程；我们都知道，可口的食物，在适当的条件下对于健康是多么必要。当你把靴子放入行李箱后，它们会一直留在那里，直到你把它们取出来；但是你若给一个孩子喂了不合适的食物，情况就不是这样了。

这个最初的浪漫阶段需要另一种方式的引导。毕竟，儿童是这漫长岁

---

① 原文为：It is dominated by wonder, and cursed be the dullard who destroys wonder. 这里 wonder 是惊异，一种类似发现奇迹的那种发现。哪怕对于成人而言司空见惯的寻常事物，儿童都可能觉得惊奇和感叹。——译者注

② 原文为：Unless, working somewhere, however obscurely, there is this transfiguration of imposed routine, the child's nature will refuse to assimilate the alien material. ——译者注

月的文明的继承者，让他在冰河时代的智力迷宫里漫游是荒诞的。因此，适当地指出重要的事实，指出简化的概念，指出常用的名称，确实会加强学生的自然动力。教育中没有任何阶段可以没有训导，或没有自由；但是在浪漫阶段，必须永远侧重于自由，让儿童自己去领会，自己去行动。我的观点是：对一个正在成长的头脑而言，当浪漫阶段按照常规进程发展尚未结束时，若被强加以精审的训导，不可避免地一定会出现观念吸收上的障碍。没有浪漫，就没有领悟。我强烈地相信——以往的教育之所以如此的失败，就是因为没有认真研究浪漫应有的地位。没有浪漫的冒险，最好的情况是你得到了缺乏创新的惰性知识，而最坏的情况是你没能得到知识而受到了观念的轻蔑①。

　　当浪漫阶段被适当的引导后，新的渴望生长出来。体验的新鲜感逐渐消失，取而代之的是以客观事实和理论为基础的一般知识。首先，儿童有大量的一手的经验可供独立浏览，包括思想探险和行动探险。此时，他们对精确知识所给予的启发也能理解。这一时期的儿童能符合常识中显而易见的要求，能处理熟悉的材料。可以向前推进的时刻到了，他们能更精确地明白所学的主题，把显著的特征留存在记忆之中。这就是精审阶段。在传统的教育计划中，无论是中学还是大学，精审阶段都是唯一的学习阶段。在这个阶段，你必须学习你的课程，并且对教育话题无话可说。精审阶段十分必要，但如此不适当地延长这个十分必要的发展阶段，其结果是培养了大量的

---

① 在以精审阶段为主的教育中，能得到一些知识还算是好的，而大量的失败者符合那个最坏的情况，即没有得到知识。他们不曾为之心念涌动，没有理会那些知识。而在人们的观念里，知识就是力量，甚至知识就是一切。所以因为没有知识会被瞧不起，会被轻视。——译者注

书呆子。只有少数学生，他们天生的兴趣在毗湿奴的车轮下幸存下来①。确实，人们总是想教给学生多一点事实和精准的理论，多到超出他们在那个成长阶段所能吸收的程度。人们总是想着：如果他们真的能够吸收（那些事实和理论），那会很有用。我们——我说的是中小学校长和大学教师们——往往容易忘记，在成年人的教育中，我们只起次要的作用；忘记了我们的学生将要独立学习，在他们自己的好时光里，在他们以后的生活中。成长不能超越特有的非常狭小的限定。但是，一个缺乏技能的实习者会很轻易地损害一个敏感的机体②。尽管如此，把一切通过告诫的方式说明给教师后，教师该做的还要做：去了解基本细节和主要的准确推论。你必须对如何获取最好的实践有一大堆明确的了解。写诗你必须学习诗歌的格律；建造桥梁你必须掌握材料强度。即使是希伯来人的先知，他们也得学习写作，或许在他们那个时代需要不遗余力才能做到。天才具有的那种天生的艺术，用祈祷书③上的话来说：是虚幻之物，天真的发明④。

在精审阶段，浪漫是这个阶段的背景。精审阶段受这样一个无法回避

---

① 毗湿奴是印度教的一位主神。虔诚的印度教徒每年用车载着毗湿奴神像游行，会有人因为相信被神像车碾死可以升天而自愿投身。怀特海以此比喻那些心甘情愿投身纯精审阶段学习的学生们，他们所学的自己不感兴趣且无法拿来贯通运用，大部分人因此变得呆滞无聊，像是大脑被车轮碾碎那样；只有少数特别聪明的人，靠着自己的天赋，而不是自己受到的学校教育，保留着生命的活力。——译者注

② 原文为：But an unskillful practitioner can easily damage a sensitive organism. 这里的缺乏技能的实习者，应该是指缺乏教学经验的新教师；敏感的机体，指的就是学生的生命。这是一个多么深的矛盾：每一个经验丰富的教师都要从缺乏教学技能的实习教师开始，而生命是如此微妙，教育的任务对教师而言如此责任重大。怀特海对于教师的处境有真切的共情，同时在后文提出了自己的建议。——译者注

③ 祈祷书是基督徒和天主教徒用来祈祷和赞颂的书。——译者注

④ 原文为：The untutored art of genius is —— in the words of the Prayer Book —— a vain thing, fondly invented. 天真的发明也就是不成熟的、没什么用处的发明。这句话的意思是，即便是一个天才，也需要后天的努力学习，学而知之，不能仅仅依靠天赋。——译者注

的事实支配：有正确的方式和错误的方式，还有知道的确切的真理。但浪漫不死。在明确的应用中完成被指定的任务，其间培养浪漫，这才是教育的艺术。浪漫必须加以培养，一个原因是：浪漫毕竟是我们要得到的那种均衡智慧中的一个必要的组成部分，而获得智慧是我们的目标。但是还有另一个原因：如果不能通过浪漫而使生命机体的领悟力保持新鲜的活力，机体就不能吸收这个任务的果实。重要的是，要在实践中找到自由和训导之间那种恰切的平衡，它能最大效率地获得求知的进步。除了我坚持的那种具有节奏性的摆动的规律，我不相信有任何抽象的规则可以为所有科目、为各种类型的学生或为每一个学生提供合适的信息。教育的节奏性规律，即在发展的早期应注重自由，中期偏后则应强调确实掌握指定学习的知识。我坦率地承认，如果浪漫阶段安排得较好，那么第二个阶段的训导就不那么明显，因为那时儿童们就知道如何去做，他们想要做好，对他们所做的细节也尽可以放心。此外，我坚持认为，唯一的训导是自我训导，自我寻求的训导很重要。而这种自我训导唯有通过享有广泛的自由才能得到。但是——教育中有这么多微妙之处须要考虑——在生活中学生必须养成这种习惯：愉快地去完成被强加的任务①。如果这些任务符合学生所处发展阶段的自然渴望，如果它们能使学生充分发挥自己的能力，如果它们能取得明显的结果，如果在做的过程中允许学生有适当的自由，那么情况还是能够让学生满意的。

　　讨论一个技艺出色的教师如何使他的学生保持充满活力的浪漫，其困难在于，描述起来需要很长时间，做起来只用很短的时间。维吉尔的诗文之美，可以通过强调文字清晰的发音所产生的悦耳效果来传达，千万别再用那种没

---

① 原文为：It is necessary in life to have acquired the habit of cheerfully undertaking imposed tasks.——译者注

有想象力的冗长话语去解释了。强调一个数学论证之美，可以通过列举一般原理来阐明复杂的事实，这是速度最快的进程。在这个阶段，教师的责任是十分重大的。我来说一个真相：除了极少数有天分的教师外，我认为不可能使全班学生在精确方面充分发展而毫不削弱他们的兴趣。很遗憾，我们面临这种两难的选择：主动性和训练都很必要，但训练往往会扼杀主动性[①]。

我们承认这是一个两难问题；但并不是说我们可以对此抱着一种无知的态度，不去想办法缓解。这不是一种理论上的需要，是因为在处理每个个别的情况时没有完美的策略。以往的教育模式扼杀了兴趣，我们是在讨论如何将这种罪恶减少到最低程度。我不过是提出这样一个忠告：教育是一个难题，不能用一种简单的规则来解决。

然而，有一个实际的问题被人们严重忽略了。浪漫的兴趣，领域广泛，不好定义，无法用任何清晰的界限来确定，它取决于洞察力的闪现机缘；而精确知识的领域，可以而且也应该做出明确的界定，正如在任何普通的教育体系中所要求的那样。如果将精确知识的范围定得太宽，就会扼杀学生的兴趣，使你的目标失败；若将范围定得过窄，学生在有效掌握的知识上就会欠缺。的确，在每一种类型的课程中，每门科目要求掌握的精确知识，都应该先经过最审慎的调研后再确定。然而，目前任何有效的方法似乎并非如此。例如，那些注定要从事科学工作的孩子们——我对这类学生极感兴趣——他们在学习古典文化课程时应该掌握多少拉丁语词汇？他们应该学习哪些语法规则和文法结构？为什么不彻底地一次将这些确定下来，然后

---

① 原文为：It is the unfortunate dilemma that initiative and training are both necessary, and that training is apt to kill initiative. 这里 initiative 的含义有：首创精神，创造力，主动性。由文中的意思，要取跟训导有冲突的含义，所以译为主动性。不适当的训导，让人失去了兴趣不再主动，或者让人更为依赖外在的训导而不再主动。——译者注

使每一次练习都有助于学生记忆这些词汇和语法，并理解由它们派生出来的拉丁语、法语和英语词汇和语法。这样的话，那些在阅读课文时遇到的其他的结构和词语，教师就可以用最容易的方式提供充分的知识。某种彻底的确定性在教育中非常重要。我确信，成功的教师有一个秘诀：在他头脑里有清晰的规则，他知道学生必须以精确的方式掌握什么。因此，他不用勉强让学生为熟记许多无关紧要的知识而烦恼。成功的秘诀是速度，速度的秘诀是专注。但是，在精审知识的学习上，口号是速度，速度，速度①。迅速地获取你的知识，然后就去应用它。如果你能应用它，你就掌握了它。

我们现在来讨论这种有节奏性循环中的第三个阶段，即贯通阶段。在这个阶段会有一种浪漫的反应。这时，学生已了解了一些确切的知识，获得了一些才能，已清楚地理解了一般规则和原理的系统公式和详细例证。学生现在想用他的新武器了。他是一个有影响的个体，他想要的也是产生影响。他重新回到浪漫阶段那种散漫的探险中，不同的是，此时他的大脑已经由训练有素的军团替代了混乱的人群。从这个意义上说，教育应该以研究开始，并以研究告终。毕竟，教育从总体上来说，就是要为了跟生活中的直接经验战斗而做准备，为了运用相关观念和合适行动使每一个瞬间都合格而做准备。如果一种教育，不能以激发主动性开始，不能以促进主动性结

---

① 原文为：The secret of success is pace, and the secret of pace is concentration. But, in respect to precise knowledge, the watchword is pace, pace, pace. 这里的速度 pace 是步伐的速度，有一种着紧用力地跑在课程跑道上的画面感：一步一步，很有节奏，一边跑一边给自己喊号子快点跑。快速地跑出节奏感后，后面就会按照这种节奏很轻松地继续跑下去。很多时候，好的教学都是快而有节奏，老师因为能够游刃有余地处理课程，不会耽误在枝节上，也不会因为难于攻克重难点而进行不下去。植物生长也会有速度很快的抽丝拔节的时段，花在一段时间突然就发力绽开。动物也如此，在某一个特定时期，忽然就突飞猛进地掌握了一些新的本领。人的学习也是如此。——译者注

束,那么必然是错误的。因为教育的全部目的就是让人产生活跃的智慧。

我自己在大学任教,对学生们思维的麻木深感痛心。导致他们如此的原因是:他们缺乏目标地积累了一些精确知识,思想怠惰,没法融会贯通。大学教师的主要目的应该是展示自己真实的特质,即像一个无知的人那样思考[①],那样积极地利用他那点儿有限的知识。从某种意义上说,随着智慧增长,知识将减少:因为知识的细节被原理吞没。在生活的每一种业余爱好中,你随处可以学到那些重要的知识细节;但是透彻理解原理并养成积极地利用原理的习惯,才算最终拥有了智慧。精审阶段是进一步领悟原理的阶段,通过掌握精确的知识细节来实现;贯通阶段是因为积极运用原理而使细节被遮蔽的阶段,这时细节隐退于潜意识的习惯之中。我们不再需要脑子里清晰地记住二加二等于四,尽管我们曾经不得不去记它。对于初等算术,我们依赖于以往的习惯就行了。但是,这个阶段的本质是,脱离被动训练的状态,进入主动运用知识的自由状态。当然,在这个阶段,精确知识将会增长,而且是更活跃地增长,因为大脑经验过确定的力量,并对获得一般原理和丰富例证做出反应。但是,知识的增长成为一种越来越无意识的过程,就好像是来自于多个活跃的思想探险事件中的一个。

关于智力发展节奏的三个阶段就讨论到这里。一般来说,教育的全过程受这三重节奏的支配。浪漫阶段一直延续到 13 岁或 14 岁,从 14 岁到 18 岁是精审阶段,18 岁到 22 岁是贯通阶段。但这只是平均的特征,是一个描述心智发展模式的大致轮廓。我认为,没有一个学生在学习各个科目时能同时完成这三个阶段的发展。举个例子,我可以说,当语言学习进入精审阶

---

① 西方哲学有这样的传统,认为爱智之人之所以爱智,正因为自己无知且知道自己无知。因为对无知的自识,所以努力学习和思考。——译者注

段，即开始掌握词汇和语法时，科学学习应该完全处于浪漫阶段。语言学习的浪漫阶段开始于婴儿时期的学话阶段，因此较早进入精审阶段；相比而言，科学学习会来得晚一些。因此，如果在比较小的年纪被灌输精确的科学知识，就会抹杀学生的主动性和兴趣，毁坏在学生的领悟力中所有可能使这些概念得到丰富的机会。在语言学习的精审阶段开始之后，科学学习的浪漫阶段因此还要持续几年。

在各个阶段的发展中，每天、每星期、每个学期都有若干微小的旋涡，它们本身又包含着三重循环。学生大体上理解某些模棱两可的议题，掌握相关的细节，最后按照相关的知识将整个科目整合在一起。除非学生不断地为兴趣所激发，不断地获得技能，不断地为成功而兴奋，否则他们永远不能进步，而且注定会失去信心。总的来说，在过去 30 年，英国的中学一直在向大学输送心灰意懒的年轻人。这些年轻人对所有智慧的火花都免疫[1]。而大学教育再现了中学的效果，加剧了教育的失败。结果，年轻人活跃欢乐的情绪转向其他话题，英国受教育者不再乐于接受观念。当我们能够指出我们民族的伟大成就——我希望不是战争方面的成就——这种成就又是在学校的教室里而不是在运动场上赢得的，那时，我们就可以对我们的教育方式感到愉快。

到目前为止，我一直在讨论智力发展的教育，我的讨论局限在一个很小的范围里。毕竟，我们的学生是活生生的，你不能把他们拆散成分离的小块，就像拆拼图游戏的七巧板那样。人们在生产一种机械时，结构的能量来自外部，可以一块、一块地往上装。但是，生命机体的情况却完全不同，它自

---

① 因为教育的失败，培养出的学生只具有一些惰性的思想，他们的头脑就像是完全不跟任何物体发生化学反应的惰性气体那样。而在这里，怀特海把这个情况比喻成学生被打了防疫针，对任何智慧火花免疫，完全没有反应。——译者注

身有自我发展的冲动。这种冲动可以受外界激励和引导，也可能被外界的力量扼杀。尽管这种冲动可以从机体外部激励和引导，但智力发展的创造性冲动来自于内部，而且完全是个体特有的。教育就是引导，引导个体去领悟生活的艺术。我所说的生活的艺术，是指人的各种活动的最完整的实现，它表现了充满生命力的个体在面对环境时所具有的潜力。这种整全的实现涉及一种艺术感。在一个不可分割的人格体系中，它让低水平的可能性从属于高水平的可能性①。得益于这种价值感，科学、艺术、宗教、道德在生命建构的过程中都提升了。每一个个体都体现一种生存的探险，生活的艺术是对这种探险的引导。大的宗教文明，包括其有机组成部分，从一开始就反对将道德视为一套独立的禁律。"道德"一词，按照否定意义来看，它是宗教的死敌。保罗②指责律法书③，而福音书④猛烈反对法利赛人⑤。每一次宗教

---

① 原文为：This completeness of achievement involves an artistic sense, subordinating the lower to the higher possibilities of the indivisible personality. 这句话有一个合适的实例，《鱼我所欲也》。生，是我所欲求的。义也是我所欲求的。我是一个不可分割的有机体，如果我必须要在生与义之间做出选择，那么起到决定作用的就是我的价值判断，我认为什么是更高的追求，或者什么更重要。这时候，可能舍义偷生，也可能舍生取义，但做出的选择一定是让低的从属于高的，这种选择是个人化的，与个体的价值判断极相关。——译者注

② 保罗（Paul，3—67），天主教提到他时常称圣保罗，新教则通常称他为使徒保罗。保罗在《新约·哥林多前书》第十五章中提出，罪的权势就是律法。The power of sin is the Law。——译者注

③ 律法书（the Law），是旧约的一部分，又称摩西五经，包括《创世记》、《出埃及记》、《利未记》、《民数记》和《申命记》。（一说为摩西十诫）。——译者注

④ 福音书（the Gospels），是新约的一部分，又称四福音书，包括《马太福音》、《马可福音》、《路加福音》和《约翰福音》。——译者注

⑤ 法利赛（Pharisees）这个名词源于希伯来语，原意是"分离"，指一些为保持纯洁而与俗世保持距离的人。他们恪守律法书。可是在实践这种信条的时候，有些法利赛人并没有真正做到纯洁，而仅仅是占据道德高点，或是虚伪地自命清高，导致这种分离带着一种冷漠、虚伪、自以为是。因此招致了福音书的激烈反对。在《马太福音》中，耶稣曾经是这样说他们的："你们这假冒为善的文士和法利赛人有祸了！因为你们好像粉饰的坟墓，外面好看，里面却装满了死人的骨头和一切的污秽。你们也是如此，在人前，外面显出公义来，里面却装满了假善和不法的事。"本章结尾最后一句提到法利赛人的时候，也带着贬义。——译者注

的大爆发都同样表现出激烈的对抗——而这种宗教衰微之时对抗也随之消失。道德教育和宗教教育是最必须从教育节奏原理中获得启示的教育，比任何其他教育都更必须①。无论什么是规定宗教真理的正途，坚持要提前进入精审阶段对宗教来说意味着死亡。宗教的生命力由这种方式得到证明：在经历了宗教教育的折磨之后，宗教精神仍然幸存。

教育中的宗教问题无法在我现阶段的讲演中讨论，这是一个过于复杂的问题。我提到它是为了避免这种怀疑：即这里所倡导的原则只能用在狭义的方面。我们分析的处于生命较高级阶段的节奏性发展的一般规律，它表现在初始的觉醒、其后的训导，以及在较高级阶段的成果。我坚持认为，发展的本能来自内在：发现是由我们自己做出的，训导是自我约束，成果是来自于我们自己的主动。教师具有一种双重的作用：他以自己的人格引发学生的共鸣从而激起学生的热情，同时创造具有更广泛的知识和更坚定的目标的环境。他的作用是避免浪费，而在生存的较低级阶段，浪费是自然的进化方式。根本的动力是对价值的鉴赏，是对重要性的认识，这在科学、道德和宗教中都是如此。把个性融入超越自身的事物之中，需要各种形式的疑惑、好奇、尊敬或崇拜，以及各种形式的强烈欲望。这种对价值的鉴赏为生活增加了不可思议的力量；若没有这种鉴赏，生活将回复到比较低级的消

---

① 从怀特海的字里行间可见他对西方宗教新旧之争的激烈对抗的观点和态度：人们急于明确精确的宗教真理，又因为彼此认识不同而造成混乱，其结果是对宗教近乎毁灭的伤害。宗教之所以还幸存着，是因为宗教精神本身的活力，而宗教教育是失败的。怀特海认为宗教教育和道德教育尤其要按照教育节奏规律来实践，一定要有充分的浪漫阶段，然后才可以进入精审。怀特海在《宗教的形成》里谈了类似的观点，人们最开始都是从一些神话故事里看到美好的英雄人物形象，从而激发出爱国、不畏艰难、孝顺等等美好的情感。而不应该一开始就上纲上线地用道德戒律捆绑人的思想和灵魂。——译者注

极状态中。这种力量①的最深刻的表现是对美的鉴赏,审美意识令人想要实现完美。这使我不禁要问:在现代教育中,我们是否充分重视了艺术的功能?

我国公学典型的教育是为富裕而有教养的家庭的男孩子们设计的。他们到意大利、希腊和法国旅行,而且他们的家往往处于美的环境中。然而,这种情况对在如今小学或中学进行的公立教育中,甚至是我们扩大了的公学体制中那种有男孩、也有女孩的公共学校来说,不复存在了。艺术是人的精神中多么伟大的因素,你不能没有或忽略。我们的审美情感使我们对价值有生动的欣赏。如果你伤害了这种欣赏,你就削弱了精神欣赏整个系统的力量。在教育中要求自由,这就必然导致我们得注重个体的整全的发展。你绝不能武断地拒绝这种紧迫的要求。在经济时代,我们常能听到"教育无用"和"要缩减无用教育部分的可能性"的论调②。去尽力发展不含智性的教育,这个做法必然会导致一大串失败,而这正是在我们国家的学校中所做的事情③。我们做到足够兴奋,却不足够满足。历史向我们说明:民族通向文明之路的首要活动就是艺术的繁荣。然而,面对如此显而易见的事实,我们在实践中却使大众与我们的艺术隔绝。唤起渴望,再打倒这个渴望——这种教育导致失败和不满,我们会对此感觉奇怪吗?整个过程的愚蠢之处在

---

① 这种不可思议的力量指的是,不肯屈就低级,一定要努力地高级,趋向完美。这种力量跟审美相关,跟艺术教育有关。怀特海在《理性的功能》中谈道:理性实际上表达了一种强烈的欲望,把仅仅生存变为好好生存,并且,把好好生存变为更好地生存。这种功能的获得恰恰需要那些教育中看起来"无用"的部分。——译者注

② 原文为: In these days of economy, we hear much of the futility of our educational efferts and of the possibility of curtailing them. ——译者注

③ 有人觉得一些学科看不到成果,无用,可以缩减,比如可以不上音乐课而改上数学课。这个做法是怀特海极力反对的。——译者注

于，各种简单而受欢迎的艺术常常是惠而不费的，是可以提供给国民的。通过一种重大的改革，你可以做到消除恶劣的血汗劳动、保障就业，但是你永远做不到大幅度提升国民平均收入。在这方面，乌托邦的希望对你关闭。然而，我们不需要付出很多就能利用我们的学校培养出这样的国民：热爱音乐，欣赏喜剧，享受形式的美与色彩的美。我们也可以采取一些措施，在人们的普通生活之中满足这些情感。如果你能考虑到这条最简单的路，你就会看到，物质资料的紧张是无足轻重的。而当你这样做时，你的人民会普遍地领会艺术所能给予的一切——欢乐与恐惧。难道你不认为：你的预言家们、牧师们以及政治家们，当他们对民众宣传爱上帝、责任不可撼动、爱国热情的召唤，你的国民会变得更强大？

莎士比亚为在乡土之美中成长起来的英国人民写下了他的剧作，那时正从中世纪转入文艺复兴时代①，一个崭新的世界穿越海洋发出了浪漫的生动召唤。今天，我们面对的是在一个科学时代里成长起来的聚居在都市里的人们。我毫不怀疑，假如我们不能用新的方法去迎接新的时代，为我们的人民保持精神生活，那么，没能实现的渴望迟早会野蛮地爆发，俄罗斯的命运就是英格兰的命运②。历史学家们将为英国写下这样的墓志铭：英帝国的衰亡是由于她的统治阶级精神失明，由于他们那种愚钝的物质主义，以及他们对治国教条那种法利赛人式的忠诚。

---

① 文艺复兴是指，14世纪到16世纪的一场反映新兴资产阶级要求的欧洲思想文化运动。当时的人们认为，文艺在希腊、罗马古典时代曾高度繁荣，但在中世纪"黑暗时代"却衰败湮没，需要获得再生与复兴，因此称为文艺复兴。——译者注
② 俄罗斯的命运，在此处应该是失败命运的代称。——译者注

第四章 技术教育及其与科学和文学的关系

✿

（1917年担任英国数学家协会会长的在职演讲）

✿

本次演讲的主题是技术教育。我想要考察技术教育的本质和它与人文教育①的关系。这种探索可以帮我们认识到国家技术培训系统成功运转所需要的条件。这也是数学老师们热议的问题，因为大多数技术课程都包括数学。

如果在我们的头脑中尚且没有设计出一个完美的理想，我们就开始讨论，那是不切实际的，无论我们制定的近期目标多么谦虚。

---

① 人文教育（liberal education）可译为人文教育、普通教育、通才教育、博雅教育、自由教育等。这些不同的译法，看上去风马牛不相及，其实有内在一致性——通过受教育掌握普遍的知识，因而能获得自由，也更具人文情感。教育还没有细致地分科之前，这种教育几乎是唯一的教育。一旦译成中文，很难前后一致地用一个词呈现出这么丰富的意思，尤其在不同语境下，可能还需要依据语义的侧重点不同而做出调整。译为人文教育也是非常纠结之后做出的选择，不当之处，还望读者见谅。——译者注

人们羞于谈论理想。因此,一位现代剧作家①通过一个疯子神父之口描绘了一种人类的理想状态:"在我的梦中,有这样一个国家:国家就是教会,教会就是人民,三位一体,一体三位;有这样一个国家:工作就是玩乐,玩乐就是生活,三位一体,一体三位;有这样一座教堂,神父就是拜神者,拜神者就是受拜者,三位一体,一体三位;有这样一个神性,众生都是人,众人都是神,三位一体,一体三位。简言之,那是一个疯子的梦。"

在这段话中,我所看重的那句话是"有这样一个国家:工作就是玩乐,玩乐就是生活",这是技术教育的理想。这句话听起来不可思议,当我们用以此来观照生活现实的时候,看到的是长时间辛苦劳作的数百万劳工,他们疲倦、不满,心理上漠不关心;还有那些雇主——我并不是在做社会分析,但我想要使你们认同我的看法,社会现实与理想相去甚远。而且我们知道,如果一个雇主按"工作应该是玩乐"的原则来经营管理他的车间,不出一个星期他就会破产。

人类身上有这样一种苦难,无论是在神话故事里还是在现实里,那就是:想要生存就要流汗。但是理性和道德的直觉在这种苦难中看到了人类前进的基础。本笃会的僧侣们在劳动中是愉悦的,因为他们相信这样做可以让自己与上帝同在。

去掉神学的衣饰,其本质的思想是:工作应该伴随理智和道德的想象,这样工作就会转换成为一种乐趣,克服工作本身的疲惫和痛苦。我们每个人都可以把这个抽象的观念,按照个体的世界观,用更具体的形式来重述。

---

① 出自萧伯纳(George Bernard Shaw, 1856—1950)的剧作《英国佬的另一个岛》(*John Bull's other Island*)。——译者注

按照你喜欢的方式,在细节上不要遗漏主要观点。不管你怎么表达,它始终是艰辛人间的唯一的真实的希望。这个希望,在技术教师的手中,在控制劳动阶层的活动的那些人手中。所以要重塑我们的民族,要每天都能够传递给劳动者那种精神,让他们像本笃会的僧侣们那样愉悦地劳动。

我们的国家目前迫切需要:大量有技能的工人、有发明天赋的人才和对新观念有敏锐感觉的雇主。

要达成这个结果有且只有一个办法,就是培养喜爱自己工作的工人、科研人员和雇主。按照我们对人性的认识,我们来想想这件事儿。一个疲倦而厌烦的工人,无论他的技能多娴熟,他会生产出大量一流的产品吗?他会限定自己的生产,糊弄自己的工作,逃避检查。在适应新方法时,他会适应得很慢。他会成为不满的焦点,满脑子不可实践的所谓革新想法,对真实的工作条件的没有共情的理解。麻烦的时代可能就会来到我们面前,如果你希望增加这种野蛮暴乱的机会,那就别去考虑什么本笃会的理想,就去推广技术教育就够了,到时社会就会得到其应有的惩罚。

其次,有发明天赋的人才在进行充满活力的工作时,需要愉快的精神活动作为条件。"需要是发明之母"是一句愚蠢的谚语;"需要是徒劳的伎俩之母"才更接近真理。现代发明的发展基础是科学,而科学几乎完全来自于使人愉悦的求知活动。

第三个阶层是雇主,他们应该锐意进取的。应该看到,成功的雇主才是人们要关注的重要人物,他们拥有世界各地的商业关系,并且已经是富裕的人。毫无疑问,商业永远处于一种持续不断的此消彼长之中。但是,如果全体的成功商业机构都在蒙受衰退的苦难,指望贸易繁荣就只是一场空。如果这些雇主认为,他们的生意不过是以一种不同的方式,来获取其他的不相干的机会，那么他们就缺乏让自己变得更机敏的刺激。他们已经做得很好，他们目前的经营的动力足以使他们继续下去，他们绝不会为不确定结果的新方法而烦恼。他们的心思在于生活的另一方面。对金钱的欲望产生的是吝啬而不是进取心。人类的希望，与其说在于那些以建医院为目标但是从事着令人厌烦的工作的人，还不如说在于那些热爱自己工作的制造商。

最后，只要雇主和工人在整体上认为他们是在从事着无情榨取公众钱财的活动，那么就不可能有工业和平的前景。从广阔的视野来认识自己的工作，从广阔的视野来认识提供的公共服务，这样才能建立起共情合作的唯一基础。

从这些讨论中可以得出结论，对于雇主和工人来说，有机会满足国家实践需要的技术教育或科技教育，必须孕育在自由精神之中。这种自由精神，在原理运用和提供服务方面应该被看作是技术教育真正的智力启蒙。因此，在技术教育中，几何与诗歌的作用并不亚于那旋转的车床。

我们用柏拉图①那神话般的形象来代表现代的人文教育，用圣本笃②的形象代表技术教育。我们不必烦恼，是否有资格不偏不倚地表述两位圣者的真实思想。在这里他们只不过是作为代表的象征性的人物来对照观念。我们根据柏拉图如今所唤起的那种文化类型来考察柏拉图。

从本质上说，柏拉图式的人文教育培养的是思想和审美欣赏。它传授的是思想的杰作，以及充满想象力的文学与艺术的杰作。它所关注的行动

---

① 柏拉图（Plato，约公元前 427—前 347）古希腊伟大的哲学家，与其老师苏格拉底、学生亚里士多德并称古希腊三大哲学家。——译者注

② 圣本笃（St. Benedict，480—547），又译为本尼狄克，是本笃会的创立者，提倡虔诚、朴素的隐修。此处，怀特海把圣本笃作为技术教育的代表人物，因为本笃会的教徒们在苦修的劳动中保持了愉悦，每个人各尽其能，彼此融洽和谐，如同一曲节奏优美的乐章。——译者注

是指挥别人。它是一种需要闲暇的贵族教育。这种柏拉图式的理想对欧洲文明作出了不朽的贡献。它促进了艺术；它培养了无私①的求知精神，这种求知精神可以代表科学之源；它在物质力量面前维持了精神的尊严，那是一种要求思想自由的尊严。柏拉图并不像圣本笃那样难为自己，跟自己奴隶一起干活。但他仍是人类的解放者。他的文化类型对自由贵族有着特殊的鼓舞，欧洲就是从这个自由规则阶级那里得到了现在这种有序的自由。几百年来，从教皇尼古拉五世②到耶稣会③会士的书院、从耶稣会会士到近代英国公学的校长们，都全力支持了柏拉图的教育理想。

对有些人来说，这是一种非常好的教育。这种教育适合他们的智力发展类型，也适合他们生活的境况。但对这种教育的要求远不止于此。人们按照与这唯一的一种教育的相近程度来判断所有教育是否合适或有缺陷。

这种教育的实质是向受教育者传授关于最优秀的文学作品的广博知识。这种教育培养的理想人才，他应熟悉人类写下的所有最优秀的作品，他将掌握世界上人们使用的主要语言，他该考察各个民族的兴衰成败，他得思考那些表达人类情感的诗章，他要阅读过优秀的戏剧和小说。他还得能把自己的思想基于一些主要的哲学，认真阅读过那些以风格明晰而著称的哲学家的作品。

很显然，如果要大致完成这个计划，他便不可能有时间去做任何其他事情，除非在他漫长的生命快要结束时。人们会想起卢奇安对话体作品里的

---

① Disinterested 可以翻译成：无私利的，无私心的，无私见的，也可以翻译成客观中立或大公无私。柏拉图文化强调认知要无私，而无私蕴含着上述意思，必须理性地克制自己的情感和欲望。科学需要理性，所以在科学研究方面，常常提到要有无私的精神。——译者注

② 教皇尼古拉五世(1397—1455)，文艺复兴时期的教皇，在恢复古典文化、艺术知识，重建罗马和振兴宗教方面作出了很多贡献。——译者注

③ 耶稣会(The Jesuit)，创立于 1534 年，是天主教的主要修会，从事传教和教育工作。——译者注

一个人，因为他的计算：在一个人能合理地实践任何一种流行的道德伦理体系之前，他得花 150 年的时间去审查它们的凭证①。

这种理想的目标不是为人类提出的。人文教化绝不是指这样一种雄心勃勃的计划：完全掌握从亚洲到欧洲、从欧洲到美洲以至于全人类文明创造的各种文学作品。我们只需要选一小部分，但是要选最好的。如果一个人文教育中，包含色诺芬②，遗漏孔夫子③，我会对此表示怀疑。但是，我自己并没有从头到尾通读过它们。人文教育的宏大计划其实可以缩小，小到只学习几种重要语言的个别文学片段即可。

但是，对于人类精神的表述并不仅限于文学，还有各种其他的艺术形式，还有各种科学。教育必须以超越被动的方式接受他者观念的以往，主动创新的力量必须得加强。不幸的是，主动创新不是获得一点儿加强就够了：思想上的主动创新，行动中的主动创新，艺术中充满想象的主动创新④。而这三个方面，还各有许多分支。

学习的领域如此广大，而个人的生命却是如此短暂和琐碎。不论你是古典文化学者、科学家，还是校长，你都是一个无知的人。

有一种奇怪的错觉：一个人知道得越少，他的文化可能越完整⑤。如果

---

① 怀特海引用这个例子，想要说明传统的人文教育，穷尽一生也无法致用，需要改革。——译者注
② 色诺芬(Xenophon，约公元前 431—前 355)古希腊学者，苏格拉底的学生。——译者注
③ 孔夫子(Confucius，公元前 551—前 479)，即孔子，我国著名思想家、教育家。——译者注
④ 主动创新(initiative)，这个词本身有主动性、创新性、首创精神的含义。在此处，应该是一种对被动接受他者的超越，强化主动性和创新性。——译者注
⑤ 原文为：There is a curious illusion that a more complete culture was possible when there was less to know. 当一个人仅接受了某些单一品类的很少量的思想，这个人大体上是无知的，但这个人的思想就比较容易自洽；当他接受了各种各样的思想时，尤其这些思想彼此矛盾冲突，这个人的内在秩序可能因此会有无序的可能。但是问题在于，生活是复杂的，尤其是现代社会，缺乏见识的人跟生活是不相容的。怀特海认为，即便是柏拉图本人活着，他也要学习并扩充自己。——译者注

按照这个思路，唯一的收获是更有可能是保持无意识的无知。就算是柏拉图，不读莎士比亚、不读牛顿，也不读达尔文，对于他来说也不可能是一种收获。近年来，人文教育的成就没有变得更糟糕。变化在于，人们已经发现了它的自以为是。

在我看来，没有一种学习可以说达到了理想的完美境地。即便排除掉会对此有影响的次要因素，也同样如此。柏拉图式的文化中，强调那种认知应是无私的智力鉴赏，这是一种心理错误。因果关系不可避免，我们在事件转变中的行动和意义都是根本的。当教育试图让智力或审美脱离基本事实，那么文明一定在衰落。从本质上说，文化应该是为了行动，其作用在于把劳动从盲目的辛劳中解脱出来。艺术的存在能使我们有愉悦的感觉。艺术可以丰富人的感官世界。

无私的科学求知欲是一种激情，它有序而理智地看待各种事件的关联。但这种求知的目标是使行动与思想紧密结合。这种重要的行动介入，在理论科学之中往往更容易被忽略。没有一个科学家仅仅是只想知道。科学工作者学习知识是为了满足他发现新事物的愿望。他不是为了解而去发现，他是为发现而了解。艺术和科学给艰苦的劳作带来劳动的享乐，这种乐趣因为指导意向的成功达成而产生。科学家和艺术家享受的也是这种乐趣。

把技术教育和人文教育对立起来是错误的。技术教育，如果缺失了人文教育就不可能完美。人文教育，如果不涉及技术教育，也不可能达成。也就是说，教育必传授技术和智力视野。用更简单的语言来概括：教育应该培养出这样的学生，他既会知识，又会做事。实践和理论的紧密结合对二者都有帮助。智力在真空中不能发挥最好的作用。创造性冲动的激励需要转化为实践，尤其对儿童更是如此。几何学与力学知识，辅以车间工场的实践,便可以实现这样的目标[①]。否则,数学就是一句废话。

在一个国家的教育系统中须有三种主要的方式,即文科课程、科学课程和技术课程。但其中的每一门课程都应该包括其他两门课程的内容。我的意思是,每种形式的教育都应该向学生传授技术、科学、对一般观念的分类以及审美鉴赏能力。学生在每一方面所受的训练,都应该由其他两方面的训练进行综合运用。即使是最有天赋的学生,由于时间的缺乏,也不可能在每一方面都得到充分发展。因此必须有所侧重。在某种艺术或者艺术性行业,审美训练是必须的要求,这种情况下技术课程中就会出现最直接的审美训练。这样的训练,对人文教育和科学教育也非常重要。

文科课程的教育方式是学习语言,即学习我们向别人表达想法时最常用的方法。需要掌握的技能,是言语表达的技能。需要掌握的科学,是研究语言的结构,以及分析语言与语言所表达的思想之间的关系。此外,语言和感情的微妙关系,书面语和口语所要求的感觉器官的高度发展,都会通过成功驾驭语言而唤起强烈的审美感。最后,世界的智慧在用语言创作的杰作中保留下来。

这样的课程具有同质的优点,它包含的所有各不相同的部分,彼此协调,互为补充。这种课程,一旦大体上建立起来,就会成为一种唯一完美的教育,对此我们几乎不觉得惊讶。它的失败在于过分强调语言的重要性。言语表达的种种重要性是如此突出,以致难于作出冷静的估量。最近几代人亲眼目睹了文学以及文学形式的表达的隐退,它们在知识生活中不再占

---

① 数学怎么样才不会落为一句空话? 怀特海举的例子是,几何学与力学结合,然后再让学生在车间里实践。这是一个比较具体的教育建议。——译者注

有独特的重要地位。为了真正成为大自然的仆人和臣子①，仅仅有文学才能是不够的。

科学教育主要是一种训练观察自然现象的艺术，是关于一系列自然现象的知识和演绎法则。然而，正如在人文教育中一样，在科学教育中也受时间短缺的限制。有许多类型的自然现象，每类自然现象都有一门科学与之相应。这种科学有其独特的观察方式，也有其演绎种种法则的独特的思维方式。在教育中，广泛地学习科学是不可能的，所能够做的是学习两三门密切相关的科学。因此，对那些狭隘的专业主义的控诉，强烈反对一切以科学为主的教育。显然，这种指责有充分的事实根据。这值得我们思考：在科学教育的限定以内，发扬这种教育的长处，避免这种危险。

这种讨论必须考虑到技术教育。技术教育大体上是训练这样一种艺术：运用知识生产物质产品，这种训练注重于手工技能，眼和手的协调动作，以及在控制构造过程中作出的判断。但判断力需要具备自然变化过程方面的知识，因为制造过程要用到这些知识。因此，在技术训练的某个阶段，需要学习科学知识。如果你把科学方面最小化，你将使它定义为科学专家专用的；假如你把科学方面最大化，你将把科学知识以某种程度传授给工人们。更重要的是什么呢？是把科学知识教给企业的主管们和经理们。

技术教育，在它的心智方面，并不仅仅与科学有关。它也可能是为了艺术家或艺术性工匠们的教育。这种情况下，就需要培养与这种教育有关的审美鉴赏力。

---

① 后面第九章会再次看到这句话：人，自然的奴仆与臣子。此处，怀特海的意思是，仅有柏拉图式的人文教育，而不进行技术教育、科学教育，不足以使人成人。——译者注

柏拉图式的文化罪恶的一面是对技术教育的完全忽略。技术教育是理想人生的完美发展的一个组成部分。这种忽略来自于两种极糟糕的对立，即精神与躯体的对立，以及思想与行动的对立。为了避免批评，我在这里要插一句，我完全知道：希腊人极为看重人的形体美和身体的运动，但是，他们价值观扭曲，这是奴隶制的报应。

在教学时，你一旦忘记你的学生是血肉之躯，那你就会遭遇失败——我把它当作一条教育公理。这正是文艺复兴时期柏拉图式课程所犯的错误。但是，就算在没有干草叉的困境里，人的天性仍然可以保持。在英国的教育中，天性被逐出教室后，她戴着一顶帽子和铃铛回到教室，表现出征服一切的运动精神①。

智力活动与人体之间有种种联系，分布在人体的各种感觉中。但这种联系主要集中于眼、耳、声音和手。感官和思想之间有一种协调，大脑活动与身体的创造性活动之间也有一种交互的作用。在这种交互作用中，手的作用特别重要。究竟是手创造了大脑，还是大脑创造了手？这是一个争论未决的问题。手和大脑之间的联系肯定是密切的、互惠的。几百年里，一些特殊家庭中的人们不事手工，可手脑之间这种根深蒂固的关系，并没有因此衰退。

不运用手工技艺，导致贵族阶级的大脑昏昏欲睡。大脑的这种懒散只有通过运动才能减轻。因为运动时脑力活动会下降到最低程度，这时手工

---

① 原文为：But nature can be kept at bay by no pitchfork; so in English education, being expelled from the class-room, she returned with a cap and bells in the form of all-conquering athleticism. 拟人化的说法，柏拉图式的人文教育使学生们专事文法学习，而离开了劳动，所以怀特海提到了教育的困难"没有干草叉"。但是热爱自然的天性，使运动方面的教育进入了学生的课程，而且很蓬勃，学生再次得以亲近自然。——译者注

技艺也缺乏精细微妙①。必要的持续的写作与言说,对专业课的思想力量有着轻微的刺激作用。伟大的读者们,排斥其他活动,没有因为大脑的精妙而出类拔萃。他们往往都是胆怯而因循守旧的思想者。无疑,他们过多的知识超越了他们的思想能力,这是部分原因。还有部分原因是,他们缺乏来自手或声音的生产线活动对大脑的刺激。

在评价技术教育的重要性时,我们必须超越学习与书本学习之间那种排他性的关系。第一手知识是智慧生活的首要基础。在很大程度上,通过书本学习所得到的是第二手的信息,因此永远不具有那种即刻实践的重要意义。我们的目标是,把生活中的即刻事件看作我们一般思想的实例。博学的世界所提供的往往是少量二手的知识,用以说明从其他二手知识得来的思想。博学世界的这种二手货品性正是它的平庸的秘密所在。它是平庸的,因为它从未受到事实的检验②。弗朗西斯·培根③最重要的影响并不在于他表达了任何独特的归纳推理理论,而在于他领导了对二手信息的反叛。

科学教育的一个独特的优点是,它把思想建立在第一手知识的观察上;与此相应,技术教育的优点在于,它遵循我们内心深处的自然本能:将思想转化为手工技艺,将手工活动转化为思想。

科学所唤起的思维是逻辑思维。逻辑有两种:发现的逻辑和被发现物

---

① 原文为:The disuse of hand-craft is a contributory cause to the brain lethargy of aristocracies which is only mitigated by sport where the concurrent brain-activity is reduced to a minimum and the hand craft lacks subtlety. 怀特海认为,如果没有手工技艺方面的教育,单纯的文法学习令人昏昏欲睡,运动时虽然不会昏昏欲睡却缺乏脑力活动。文法学习+运动并不是一个完好的课程设置,所以技术教育很重要。——译者注

② 原文为:The second-handedness of the learned world is the secret of its mediocrity. It is tame because it has never been scared by facts. 后半句直译为,没有经历事实的惊吓。——译者注

③ 培根(Francis Bacon,1561—1626)英国哲学家。——译者注

的逻辑。

发现的逻辑在于权衡概率。抛弃我们认为无关的细节，根据发生的事件来把一般原理进行分类，通过设计合适的实验来检测假设是否成立。这就是归纳的逻辑。

被发现的逻辑是对特殊事件的演绎。在一定条件下，特殊事件会发生，遵循我们假定的自然规律。因此在假定的自然规律被发现或被假定时，对它们的应用完全依靠演绎的逻辑。加入没有演绎的逻辑，科学就完全没用了，科学就成了一个从特殊上升到一般的枯燥游戏。除非我们能够把这个过程颠倒过来，从一般再下降到特殊。上升和下降，就像雅各天梯①上的天使一样。牛顿证明了万有引力定律，立刻开始计算对地球对地球表面上一个苹果的引力，以及地球对月球的引力。我们要注意，如果没有演绎逻辑，就没有归纳逻辑。在牛顿归纳证实他的伟大定律时，他所做的大量的计算工作是必要的一步。

数学不过是演绎推理的艺术中比较复杂的部分，尤其是当它涉及到数字、量和空间。

在传授科学时，应该传授思维的艺术；即：形成清晰的概念以应用于第一手经验的艺术，凭借直觉来领悟一般性的真理的艺术，验证假设的艺术，以及将一般性的真理运用在特殊的、具有某种独特重要性的特定情况下的艺术。此外，还须要有科学阐述的能力，这样才能够突出重点，从一团纷乱的思想中清晰地梳理出有关的问题。

---

① 雅各天梯，典故出自《圣经·创世记》，雅各在梦中见到了一个顶天立地的梯子，神的使者在梯子上，上去下来。醒来后，他开始相信神。或许，攀上梯子和从梯子上下来，是有隐喻的。上去下来，好像从特殊到一般再从一般到特殊。——译者注

当一门科学或一小类科学做到如此教学，对思想的一般艺术给予了应有的关注，这时，我们在纠正科学的专门化方面就走了很长一段路了。最糟糕的那种科学教育，以一种或两种特定科学为基础的，就好像那样做非常必要似的。而且，教师在考试制度的影响下，往往只向学生灌输这些特定学科的狭隘的成果。重要的是，必须不断地发现方法的普适性，并将这种普适性与某一特定应用的特殊性进行对照。一个人如果只了解自己的学科，并以此作为这种学科特有的一套固定程序，那么，他实际上连那门科学都不懂。他缺乏思想的丰富性，不能很快领悟外来观念的关联。他将什么都不能发现，在实践应用中也会很愚蠢。

在特殊中显现一般性实现起来还是有难度的，尤其是对于那些年龄较小的学生来说。教育的艺术从来不容易。克服种种困难，特别是初等教育中的困难，是值得最杰出的天才去为之努力的任务。这是培养人的灵魂的工作。

数学，如果教授得法，会成为循序渐进地渗透这种思想的一般性的最有力的工具。数学的精髓永远是偏爱更一般的思想概念而抛弃更特殊的思想概念，偏爱一般的方法而抛弃特殊的方法。表达某一特殊问题的条件，我们可以用一个方程，但这个方程适用于不同学科中大量的其他问题。一般推理永远是最有力的推理，因为演绎推理的说服力就是抽象形式的特性。

我们仍需注意。如果数学只是让学生记住一般原理，我们将损害数学教育。学习一般原理也是用来解决特殊问题的，从根本上说我们面对的问题就是具体而特殊的，这才是重要的。因此，在处理数学问题时，你的结果再怎么具体都不过分；而你使用的方法，越一般越好。推理的本质过程是从特殊到一般，再从一般到特殊。如果没有一般性的概括归纳，就不存在推理;如果没有具体性,推理就不再重要了。

具体性是技术教育的力量所在。提醒大家注意,那些一般性之中非最高级别的,未必是具体事实。例如,$2+2=4$。比起 $x+y=y+x$,$2+2=4$ 不够一般性。但"$2+2=4$"本身还是一般性的命题,仍是缺乏具体性的命题①。要获得具体的命题,就必须对涉及特殊事物的原理有直觉的知识。例如,你若对苹果有直接的感知或直觉的印象,那么"这两个苹果和那两个苹果加在一起是四个苹果"就是一个具体的命题。

技术教育是无可替代的,如果我们充分认识原理的目的在于运用它们,而不是将其作为空泛无意义的公式。仅仅做消极的观察是不够的。只有在创造中,你才会对生产出来的物体特性具有生动而深刻的理解。如果你想了解一种东西,就亲自去做,这是一条可靠的法则。这时,你的各种智力功能将处于活跃的状态,你的思维活动在转变为行动的过程中充满生动性。你的概念会变得有真情实感,这是因为你看见了这些概念和原理适用的范围。

在初等教育中,人们很久以来就在实施这条原则。教师通过教孩子们剪裁和分拣这样一些简单的手工操作,来使他们熟悉形状和颜色。尽管这样也很好,但这并不是我的意思。那是你思考之前的实际经验,是为了创造思想观念的先行经验,是一种非常好的训导。但技术教育还应该比这更丰富:这是你在思考时的创造性的经验,这种经验可以实现你的思想,这种经验教你学会协调行为和思想,这种经验使你联结思想与展望、展望与成就。

---

① 怀特海在此处提醒大家注意什么是真正的具体,也就是要能够有直接的感知或直觉印象。比起 $x+y=z$ 这个最高级的一般命题,$2+2=4$ 更特殊。但比起 $2+2=4$,"这两个苹果和那两个苹果加在一起是四个苹果"是更特殊的命题,是具体性事实。一般性或特殊性是有级数差别的,$2+2=4$ 不是最高级的一般性命题,仍然不是具体命题。——译者注

技术教育提供理论,在理论失去效用之处还提供敏锐的洞察力。

我们不应把技术教育看作是完美的柏拉图文化的一种残缺的替代物,即看作一种不幸的、由于生活条件限制而必须进行的、有缺陷的训练。任何人能得到的,也不过就是不完全的知识和不完整的能力训练。然而,我们有三种主要的途径,去努力追求智力与性格的最佳平衡,这就是:文学文化之路,科学文化之路,技术文化之路。其中任何之一都不能孤立进行,否则会招致智力活动和性格方面的巨大损失。但把这三种途经机械混合,也会产生糟糕的结果,支离破碎的知识永远互不关联,或是得不到运用。我们已经注意到传统的人文教育中的这样一个优点:即它的各个部分之间相互协调。教育要关注的问题是保持主要的侧重点,无论是侧重文学、科学还是技术。同时,在不损失协调的情况下,在每一种教育内容中融入其他两种。

明确技术教育的问题,我们须要注意两个年龄:一个年龄是 13 岁,也就是小学毕业;另一个是 17 岁,如果初中学校课程中包括技术教育,这时,技术教育将结束。我知道,对于初等技术学校培养的技师来说,三年的课程是很常见的。另一方面,对于培养海军军官和一些管理层人才,需要花费的时间可能更长一点。我们需要考察这样一种掌控课程的原则——让 17 岁的年轻人能够掌握对社会和公众有用的专门技术。

孩子们应该从 13 岁开始接受手工技能训练,训练所占比例与其他课业活动相比要少一点儿。随后逐年增加,最终要占到较大比例。最重要的是,这种训练不应该过于专业化。那些精加工工序和车间操作技巧,它们适合某些特定工作的车间,应该到工厂车间去教授,而不应该成为学校课程的组成部分。那些知识,一个受过良好训练的工人一学就会。僵化是所有失败教育的主要原因。如果我们把技术教育看成是向孩子们传授高度专业化的手工技能，那么技术教育注定要失败。国家需要一种劳动力的流动，不仅仅是从一个地方流动到另一个地方，还有从一种专业化类型的工作转换到另一种相关范畴的部门做专业化的工作。我这么说可能容易引起误解，我并不是主张让人们不时地更换专业去做另一种工作。具体怎么样进行劳动力流动，这不是教育者要管的事儿，而是由行业组织机构负责。我只是要坚持这样的原则：受教育者接受训练的范围应该比他最后掌握的专业更广泛，他会因此而适应各种不同需要，这将对工人有利，对雇主有利，而且对国家有利。

在考察课程的智力方面时，我们必须以协调学习为原则。一般来说，与手工训练最直接相关的智力学习是科学的一些分支。实际上，会涉及不止一门学科。即使不是这样，也不可能窄化科学的学习变成单一而狭细的思想线。只要我们不把分类分得太细，就有可能根据所涉及的主导科学粗略地对技术追求进行分类。这样我们发现六个门类，即(1)几何技术，(2)机械技术，(3)物理技术，(4)化学技术，(5)生物技术，(6)商业和社会服务技术。

关于分类，除了各种从属的学科外，在大多数职业的培训中还须要强调专业化的学科。例如，我们可以把木工手艺、五金手艺以及其他许多艺术性的工艺算在几何技术中。同样，农业属于一种生物技术。烹饪行业如果包括提供饮食服务，或许可介于生物、物理和化学诸学科之间，尽管我不太确定。

商业和社会服务类学科的相关科学，有一些是代数学，包括算术和统计学，还有一些是地理学和历史学。但这部分学科在它们的学科相关程度上是不同的。无论如何，将技术学习按其与学科的关系进行准确分类，这是一个涉及细节的问题。基本要点在于，经过一定思考，有可能找到可以说明大部分职业的科学课程。而且，这个问题得到了很好的理解，许多技术学校和初级工艺学校中已经很好地解决了这个问题。

当我们从科学转入文学时，考察技术教育的智力要素，我们注意到，许多情况下学习是介于两种学科之间的，例如，历史和地理。如果学习的是正确的历史和正确的地理，那么这两个学科在教育中是十分重要的。同样，对一般结果进行描述性解释的书籍，以及呈现各学科中一系列思想的书籍，也属于这一范畴。这类书应该部分是基于史实的，部分是对最终产生的主要思想的阐释。它们在教育中的价值取决于它们对心智的激励作用。绝不能因为科学的惊异来夸大它们，它们必须有一种广阔的视野。

不巧的是，在教育中，除语法学习外，人们很少考虑到文学内容。这里有一个历史原因：现代柏拉图式课程形成时，开启伟大的文学之门的钥匙是拉丁语和希腊语。但文学和语法之间没有必然的联系。早在亚历山大①的语法学家们出现之前，希腊文学的伟大时代就已经逝去。当今世界的各种人中，那些研究古典文学艺术的学者离伯利克里②时代的希腊人最为遥远。

仅就文学知识本身而言，并不特别重要。唯一重要的是这种知识是如何学习的。与文学知识相关的事实，其实也是无所谓的。文学之所以存在，是为了表达和扩展构成我们生活的那个想象的世界，表达和扩展我们内心的王国。因此，技术教育中涉及的文学应该努力使学生从文学欣赏中得到乐趣。学生们知道什么文学知识，这不重要；学生从文学欣赏中得愉悦，极

---

① 亚历山大，埃及北部城市。——译者注

② 伯利克里(Pericles，约公元前495—前429)古希腊杰出的政治家，为古希腊古典文明的发扬光大作出了卓越贡献。他所统治的时代，是雅典的黄金时代，也是古希腊的全盛时期，希腊文化高度繁荣。——译者注

其重要。在英国某些不得了的大学的直接指导下，学校的学生们读莎士比亚，然后参加莎士比亚戏剧课的考试——他们文学欣赏的乐趣受到了伤害。应该起诉这些大学犯有扼杀灵魂之罪。

有两种与精神有关的愉悦：创造的愉悦和放松的愉悦。它们并不一定是不相干的。职业的变动可能会带来极大的幸福感，这种幸福感来自于上述两种形式的愉悦同时发生。文学鉴赏是一种真正意义的创造。文学作品里的词句、它的音乐感、它引起的联想，都不过是刺激因素，它们所唤起的景象是我们自己造出的。没有任何人，就连那些天分超过我们的人也不行，能够使我们的生活充满活泼的生命，只有我们自己可以。除了那些从事文学工作的人外，文学对于其他人也是一种放松。无论从事任何职业，人们在工作期间都会有压力，而阅读文学作品会是生活的另一面。在生活中，艺术也有跟文学同样的功能。

维持放松的快乐不需要外部条件，只要停止工作就行了。某些这样纯粹的放松是保持健康的必要条件。它的危险臭名昭著。在人们需要放松休息的大部分时间里，我们淹没在睡眠状态，而不是愉悦。创造性的愉悦是成功的努力所带来的结果，它需要主动的创造力的帮助才能得到。对于快节奏的工作和有独创性的成就来说，创造性愉悦是必不可少的。

如果总是高速地生产，让那些工人没有恢复活力地工作，这是一种有害的经济政策。国民经济或许会有暂时的成功，其后就不得不供养那些丧失了劳动力的工人。同样有害的是，爆发式的高强度劳动与纯放松的交替。完全的放松时期就是恶化的种子期，除非对此加以严格的控制。正常的再创造应该就是活动的改变，满足各种不同的渴望。游戏是提供了活动，但是它的重点跟放松无关，游戏所做的是让我们空虚。

正因如此，在一个健康有序的民族里，文学和艺术在生活中起十分重要的作用。它们给经济生产付出的服务仅次于睡眠或食物。我并不是在谈论艺术家的培养，而是说作为健康生活的一个条件，要运用艺术。在身体的世界里，艺术就好像阳光一样。

我们一旦在头脑中摒弃了这样的观念，即知识才是迫切需要的[1]，那么在帮助艺术乐趣的发展上，就不会特别困难或花费高昂[2]。可以定期让所有的学生到附近的剧院去，在这些剧院里，放映适合学生们看的戏剧。音乐会和电影院也是如此。图画对学生们的吸引力不太好说，但是如果学生们将读过的一些情景或观念有趣地用图画再现出来，或许会有吸引力。应该鼓励学生自己去进行艺术性的探索。首先应该培养学生朗读的艺术，可以读读艾迪生办的《旁观者》杂志上那些关于罗杰·德·柯弗雷的文章，那是可读性很强的散文典范。

艺术和文学赋予生命的活力并不只是一种间接影响，它们能直接带给我们想象。世界是宽广绵延、超越物质意识的传达，有着微妙的反应和情感的涌动。各民族之间竞争的终极问题，决定于工厂而不是战场。谁拥有大量训练有素、精力充沛的工人，谁在有利于成长的条件下工作，竞争的胜利就属于谁。有利于成长的条件中，必不可少的一个条件是艺术。

如果有时间的话，我还想谈谈其他的问题。例如，提倡在所有的教育中都要包含一门外国语的学习。根据我的观察，这对于学习手工技艺的孩子们来说行得通。至于具体的原则，我在前面所讲的国民教育应该遵循的原

---

① 原文为：knowledge is to be exacted。——译者注
② 特别困难和花费高昂，这是两种偏颇的情况：那些认为艺术不算知识的人，不愿意做促进艺术发展的教育，所以开展起来就会特别困难。而那些把艺术当作迫切需要的知识的人，愿意花大钱，而不是从陶冶的视角去触摸艺术。——译者注

则中已经充分阐述了。

　　总结一下，我愿再回到本笃会的思想，通过联结知识，劳动和道德力量，为人类挽救了古代世界逐渐消失的文明。我们面对的危险是：我们把日常事务视为邪恶的王国，认为身处其中，只有驱逐出理想才有可能取得成功。这种观念在我看来是一种谬论，已经被实践经验直接否定了。在教育中，这种错误的观念表现为在技术培训上的平庸。在黑暗时代，我们的祖先在伟大的组织中体现崇高的理想，从而拯救了自己。不做缺乏独立性的模仿，大胆运用我们的创造能量，这就是我们的任务。

第五章　古典在教育中的地位

(1923 年刊载于 *Hibbert Jounal*)

古典①在国家的未来，不取决于古典带给学者的愉悦，也不取决于学术培训满足学术嗜好的效用。以古典文学和古典哲学为主要基础的教育能为我们带来愉悦和品格的训导，这已经有几百年的经验来证明。当今的古典学者不再像以往的学者那样热爱古典。但是古典遇到的危机，不因为这个原因。危机的原因是：在过去的高等教育中，古典在整个领域都占据绝对优势地位，无与伦比。这使那个时候的学生的整个学校生涯都浸润于古典之中。如果说古典的统治地位会受到一点点挑战，那也只是非常少的数学的训导。这个情形导致了一些后果：需要大量的志愿成古典导师的学者；

---

① classics，古典、经典，此文中特指古希腊、古罗马时期的著作。classics 词源来自拉丁语 classicus，意为"第一流的"、"最上乘的"。希望读者每次读到"古典"的时候想到这些是第一流的、最上乘的，充分感受怀特海捍卫古典的心情。——译者注

生活中各种领域都是一副古典的腔调；古典方面的成就几乎成了能力的代名词；最后，每一个作出华丽许诺的人，都注意培养自己在古典学习方面的天然兴趣，或者努力培养自己在古典学习方面的兴趣。然而这一切都已经过去了，永远也不会重来。就像那首童谣唱的：汉普顿·邓普顿只要站在墙上，他就是一个完好无损的蛋；可是当它从墙上掉下来，你永远都不能把他重新立在墙上了①。现在的学校里有各种其他训导，每种学科里都有人们普遍感兴趣的很多主题，而这些主题之间又有复杂的关系。在它们的发展中，展示出天才在其想象力的延伸和哲学直觉方面的最崇高的壮举。现代生活中几乎每一种职业都是有学问的专业，都需要一种或多种这样的学科作为专门技术的基础。人的一生是短暂的，其中适合学习的那段时期就更短。因此，即便是所有的孩子都适合学习古典文学艺术，也不可以保持这样一种制度：把古典学者接受的完美训练当作是掌握其他学科知识的必要条件。作为英国首相工作委员会"古典在教育中的地位"②的一员，我听到了很多抱怨，他们抱怨现在的家长们那种追名逐利的倾向。但是我不相信今天的父母比他们的前辈更加唯利是图。过去，古典文学艺术是通向成功的道路，那时候大家普遍地学习它。时过境迁了，古典处于危机之中。

----

① 童谣《汉普顿·邓普顿》(*Humpty Dumpty*)，汉普顿·邓普顿是一个矮胖子，是蛋的化身，他从墙上跌下来摔得粉碎。用以形容一经损坏便无法复原的东西。

Humpty Dumpty

Humpty Dumpty sat on a wall

Humpty Dumpty had a great fall

All the King's horses, And all the Kings men

Couldn't put Humpty together again

——译者注

② 委员会的英文名称为 The Prime Minister's Committee on the Place of Classics in Education。——译者注

"丰厚的收入是有教养的人的生活的附加物。一个受过教养的生命应该获得更好的收入"①，这话不就是亚里士多德说的吗？亚里士多德也是家长，不知道公立学校的校长们对他的这句话作何感想。以我对亚里士多德的肤浅的了解，我猜想曾经有过一场有关的争论，而亚里士多德在争论中获胜了。我得出的结论是：我们国家古典的未来取决于未来几年的中学教育。而在一代人之后，那些不得了的公学都不得不跟从这种局势，不管愿不愿意②。

我的结论基于这样一个事实：学生 18 岁离开学校的话，他们中 90％不会再去阅读古典著作；如果学生不到 18 岁就离开学校的话，这个比例将达到 99％。我曾经多次听到或读到，对于坐在沙发里阅读柏拉图和维吉尔的古典学者而言，古典极其有价值。但是这些人再也不会坐在沙发里读古典作品了，也不会在其他任何情况下读古典作品。为了 90％的学生，我们必须打一场古典的保卫战。如果以后古典不出现在学校的课程表里，连剩下的 10％都没了。学校里就会没有能教古典课程的教师。这是一个紧迫的问题。

然而，如果你认为古典在学术界遭到非议，或者你认为古典被关注教育与效益关系的工业界领导反对，你就错了！我出席过一个重要的现代化大学的领导委员会会议，参与一次短暂而热烈的讨论。有三位科学系的代表极力强调古典的重要性，他们认为古典对科学工作者而言是重要的预备训练。我之所以提到科学工作者需要古典的预备训练，因为我自己的亲身经

---

① 亚里士多德（Aristotle，公元前 384—前 322）：柏拉图的学生，一位百科全书式的学者。他在雅典创办吕克昂学校，形成边散步边学习的"逍遥学派"。——译者注
② 此一段特别长，或许是整书中最长的段落。出于阅读的方便，读者可以自行分为若干层次。——译者注

历也是很好的例证。

我们必须记住，智力教育的全部问题都受制于时间有限。玛士撒拉①如果没能成为一个学识渊博的人，不是他自己错了就是他老师错了。我们任务是处理好中学生活的五年。古典的保护必须在这期间完成。在这五年时间里，古典课程跟其他学科共同分配时间。古典课程能更快地让学生的心智品格得到必要的丰富，别的学科在这一目标的达成上不如古典教育。

在古典方面，我们需要通过语言学习来发展逻辑、哲学、历史和文学之美的审美赏鉴诸方面的智力。语言学习，学习拉丁语或者希腊语，只是为了达成目标的一个辅助手段。当目标实现，语言学习就可以停下来，除非幸运与机遇让他们有继续研究语言的意愿。在学生中，有一些最优秀的学生，他们并不把语言分析作为通向文化目标的途径。对于他们来说，一只蝴蝶，或是一台蒸汽机，都比一个拉丁语法的句子更意义宽广。尤其一些学生，他们有点天赋，还能够从生动的欣赏中激发思维的有机性，从而使天赋得到提升。对于这样的学生，那些指定的句子几乎总是言说错误的东西，并用无关紧要的枝节问题来干扰思路。

总体说来，正确的途径还是语言分析。语言分析对学生而言是最普遍的标准，对教师来说也是最易于掌控的做法。

在这点上我要扪心自问，另一个我会问：如果你想让孩子学逻辑，为什么不直接教他们逻辑？这样难道不是更显而易见吗？我用一位伟人的话来

① 玛士撒拉（Methuselah）：《圣经·创世记》中的人物，活了969岁。他有足够的时间来学习。——译者注

回答这个问题,他就是前不久去世的桑德森①,奥多学校②的上一任校长,他的逝去是我们的重大损失。他那句名言是:"他们通过接触来学习。"③这句话的重要意义涉及真正的教育实践的核心问题。教育实践必须从那些特定的事实开始,那些事实对于个体理解来说具体而明确,而且必须逐步渗透,变成学生头脑中的一般性观念。我们要竭力地避免填塞跟学生个体经验完全无关的一般性概念。

现在让我们来应用这个原理——"他们通过接触来学习",确定最佳的方法,来帮助一个孩子能够像个哲学家那样进行思想分析。换个通常的说法:什么是让儿童思想和表达都清清楚楚的最好方法?逻辑学教科书中的各种一般性表述,孩子连听都没听到过。这种一般性表述应该属于大学或者接近大学水平的成人教育阶段。你的分析要从自己熟悉的英文句子开始。但是如果这个语法学习进程太长,小学阶段之后还在学,会极其枯燥。而且,这么做有个缺点,这个分析仅限于英语语言的分析;而在复杂的英语短语、词汇和心理认知进程的习惯诸方面,却什么都没做。下一步你该教孩子学习一门外语。这时你有一个极好的有利条件:你摆脱了那种令人厌恶的程式化的为练习而练习。当学生的注意力集中在如何用语言表达自己想要表达的东西,或者是理解别人对他说话的意图,或是要弄明白作家的作品的含义,他们就会自动地分析起来。每一种语言都体现出某种确定的心智

---

① 桑德森(Frederick William Sanderson,1857—1922),英国教师,1892—1922 年期间担任奥多中学校长,锐意改革,在学校兴建实验室、天文台、图书馆、工厂车间、实验农场等。他的做法对英国中等教育的课程和教学法产生了重大影响。——译者注

② 奥多学校(Oundle School):英国北安普敦郡的一所全日制私立学校,创办于 1556 年。桑德森领导奥多期间,奥多学校声名远播。——译者注

③ 原文为:They learn by contact.——译者注

类型,懂得两门语言对学生来说很必要,因为这样会向学生显示出两种心智类型之间的对照。通常来说,应该在孩子很小的时候就开始学习法语。如果你富有,你还可以请一个说法语的保姆。没有这种幸运的孩子,12 岁以后,到了中学才能学习法语。直接法是可以使用的,让学生在课堂上始终处于法语环境中,用法语去思考问题,而不经过法语到英语的翻译过程。即使是智力平平的孩子,也会学得不错,很快掌握辨析和理解简单法语句子的能力。语感会因此增强,而语感是潜意识的,它是一种鉴赏力,它能把语言作为限定性语言结构中的一种工具。

拉丁语的学习,只有到了这个时候开始才是对孩子智力发展的最好促进。语言是一种结构,拉丁语的元素可以为此充当一个特别清晰的例证。如果你的智力已经发展到可以学习拉丁语的这个水平,你就会发现这个事实。当你学习英语法语时,你可能还意识不到。简单而通畅的英语可以直接翻译成蹩脚的法语,反过来,通畅的法语可能会被翻译成蹩脚的英语。翻译得蹩脚的法语和好的法语之间的差异——应该被写出来——在智力发展的阶段常常是很微妙的,不太容易解释清楚。这两种语言在表达上有相同的现代性。但是英语和拉丁语之间可不是这样,二者相比,虽然差异还没大到构成不可逾越的障碍,但是结构差异毕竟是非常明显的。

按照学校老师们的说法,拉丁语课很受欢迎。我知道,我上学的时候也喜欢拉丁语课。我想,拉丁语课之所以这么受欢迎,是因为伴随着拉丁语的学习,学生有一种被启蒙的感觉。你知道你发现了什么。那些词语有时会用跟英语、法语完全不同的方式嵌入句子里,还会有一些奇特的不同的内涵。当然,拉丁语比起英语更加粗糙原始。有些拉丁语的词汇是不可拆分的单元,一个拉丁语的单词几乎接近一个英语句子。

　　这引出我下一个观点。在我列出的拉丁语所带来的馈赠目录里,哲学在逻辑学和历史之间。哲学是逻辑学和历史的联结者,那就是它最真实的位置。拉丁语唤起的那种哲学本能,穿梭于逻辑和历史之间,并使两者变得更加丰富。把英语翻译成拉丁语,或者把拉丁语替换成英语,翻译的过程里就要做思想分析,这种类型的体验是学生做哲学分析所必须的敲门砖。如果你此后人生的工作就是要进行思考,那么感谢上帝规定:在你青少年时期有五年时间里,你每周都得写一篇拉丁语散文,每天要逐字翻译某位拉丁语作家的一段作品。任何一门学科的学习,都是通过接触进行学习的过程。对大多数人来说,语言最容易刺激他们的思想活动,他们理解力的启蒙之路就是:从简单的英语语法到法语,从法语再到拉丁语,而且广泛涉及几何学和代数学的内容。对于我所提到的这个一般性的原则,可以引用柏拉图的权威来佐证,我想我无需提醒各位读者①。

　　让我们从思维的哲学转到历史的哲学。我要重提桑德森的那句名言:他们通过接触来学习。一个孩子到底怎么才能通过接触来学习历史呢?原始文档、宪章、法律、外交信函,这些东西对于孩子来说着实费解。一场足球赛也许就是马拉松战役②的一种模糊的反映。这只不过因为,人类生活在任何时代和环境里都有共通的性质。而且,就算给孩子们这些外交和政治的

---

① 原文为:I need not remind my readers that I can claim Plato's authority for the general principle which I am upholding. 这里,一般性原则是什么? 由上下文分析,或许是指要重视通过接触拉丁语来学习。因为语言的学习有利于刺激人的思想活动,唤起哲学本能,进一步拓展逻辑学和历史学。这种思想在柏拉图式的文法学校里很权威、很盛行,所以怀特海认为在这种语境下自己无需解释。——译者注

② 马拉松战役(the Battle of Marathon):公元前 490 年秋天爆发的战役,雅典人以少胜多击退了波斯军队的入侵。雅典青年费迪皮迪兹从马拉松跑回雅典广场,告诉人们胜利的消息。这也是马拉松赛跑的由来。——译者注

文件资料，它们反映的也只不过是历史视图里很狭窄的一点内容。而真正必要的是，我们应该本能地抓住那些观念的流变，思想、审美和理性的脉动，是这些真正控制了人类多灾多难的历史。现在，罗马帝国就像一个瓶口，通过这个瓶口过去的岁月变成现代的生活。而提到欧洲文明，历史的钥匙就是去领悟罗马精神和罗马帝国的著作。

　　罗马的语言，通过文学的形式组成了罗马的观念。罗马的拉丁语就是我们拥有的最简单的材料，接触这些材料我们可以获得对人类事物变化潮流的鉴识能力。语言之间明显的关系：法语和英语，它们与拉丁语的关系，这本身就是历史的哲学。考虑一下英语与法语的对比：英语完全切断了与不列颠旧有文明的联系，而那些含义典雅的源于地中海的词汇和短语悄然蔓延；在法语中，我们能看到发展的连续性，其中也保留下一些剧烈文明冲突的明显痕迹。在这些问题上，我不想做出自命不凡、抽象难懂的演讲。事物本身不言自明。法语和拉丁语的初级知识，再加上母语英语，为那些荡气回肠的民族故事传递出现实的气氛，我们欧洲就诞生于这种传说之中。一个民族的语言体现该民族的精神生活，每一个短语和单词都体现了男人和妇女们在耕犁田地、照料家庭、建造城市时形成的某种习俗观念。从这个意义上说，在不同的语言的词汇和短语之间不存在真正的同义语。上述我所说的这一切，只不过是对这个主题的修饰，以及对它的重要性的强调。英语、法语和拉丁语对我们来说犹如一个三角，其中，英语和法语组成的一对顶点表达两种主要的现代精神的不同方式，它们与第三个顶点即拉丁语的关系，显示了古代地中海文明衍生的另一种进程。这是文学修养必不可少的三角，它本身包含着对过去和现在的生动鲜明的对比。它绵延于时间和空间。这些是我们证明这一主张的理由：在法语和拉丁语的习得中，通过联系逻辑哲学和历史哲学，可以找到最简单的学习方式。除了一些如此亲密的经历之外，你对思想和行为史的分析只是吹响着的黄铜①。我并不认为，而且我一刻也不相信，这条教育之路对大多数幼童来说是最简单、最容易的。我确信，大量未成年人学习的重点应该有所不同。但我相信这是一条能为大多数人带来最大成功的道路。它还有一个优势，那就是经受住了实践的检验。我认为，为适应当前的需要，在现有的实践中应该引入大幅度修正。总体而言，文学教育的这一基础，包括理解得最好的传统，和大量的经验丰富的博学多闻的教师，他们可以在实践中认识到这一点。

读者也许注意到，我对灿烂的罗马文学还未置一词。当然，教拉丁语必然要跟学生一起阅读拉丁语文学作品。罗马文学拥有很多充满活力的作家，他们把罗马人精神生活的一系列话题成功地搬上舞台，也包括他们对希腊思想的赏鉴。罗马文学有一个特点是缺少杰出的天才。罗马作家很少超拔不群，他们表达他们的民族特征，但却不与其他民族一较短长。除去卢克莱修②以外，你总会感到罗马作家似乎在写作时受到了限制。塔西佗③表达了罗马元老院顽固派的观点，但他只看到希腊自由民正在取代罗马贵族这个事实，无视罗马行省执政官们取得的成绩。罗马民族的天才，被罗马帝国以及创造了帝国的罗马精神同化了。如果这个世界上的种种大事件不再重要，罗马文学将找不到通向天国之路。天国的语言将是中文、希腊文、法文、

---

① 原文为：Apart from some such intimate experience, your analyses of thought and your histories of actions are mere sounding brasses. 黄铜（brasses）做成的管乐乐器，看着金光灿灿，又能够发出很大的声音，里面是空的。这里形容虚张声势而无实质内容。——译者注

② 卢克莱修（Titus Lucretius Carus，公元前 99—前 55），古罗马诗人和哲学家，著有哲理长诗《物性论》（*On the Nature of Things*）。——译者注

③ 塔西佗（Publius Cornelius Tacitus，公元 55—120），古罗马历史学家，曾担任古罗马长老院议员，主要著作有《历史》（*Histories*）和《编年史》（*Annals*），今仅存残简。——译者注

德文、意大利文和英文，天国的圣人们会沉浸在这些永生的金灿灿的表达
中。天国的圣人们会厌倦希伯来文学，它们与已消失的恶魔斗争时表现出
道德热情①；天国的圣人们会厌倦于罗马作家们，他们错把古罗马广场当成
活着的上帝的脚凳②。

我们并不是指望学生终生伴随这些罗马作家，终生阅读拉丁原著，才去
教拉丁文。英国文学更伟大，它更丰富、更深刻、更精妙。如果你具有哲学
家的鉴赏力和趣味，你会为西塞罗③而放弃培根、霍布斯④、洛克⑤、贝克莱⑥、
休谟⑦和穆勒⑧吗？肯定不会的，除非你对近代人的兴趣使你转向马丁·塔

---

① 恶魔已经消失，却还在跟恶魔斗争，且表现出道德热情，这种道德热情是虚伪的。——译者注
② 按照圣经，天是上帝的宝座，地是上帝的脚凳。但是，古罗马的广场是"活着的上帝"的脚凳，似乎
   像是罗马帝国精神的狂妄的一面，导致罗马作家们不令人满意。——译者注
③ 西塞罗（Marcus Tullius Cicero，公元前106—公元前43），古罗马哲学家、政治家、演说家。代表
   作有《论国家》(On the Commonwealth)、《论法律》(On the Laws)、《论神性》(On the Nature of
   the Gods)、《论演说家》(On the Orato)等。——译者注
④ 霍布斯（Thomas Hobbes，1588—1679），英国哲学家和政治家，欧洲启蒙运动时期的杰出人物。
   代表作有《利维坦》(Leviathan)、《论人性》(Human Mare)、《对笛卡尔形而上学的沉思的第三组
   诘难》(Third series of Objections)等，晚年翻译《奥德赛》(Odyssey)和《伊利亚特》(liad)。——
   译者注
⑤ 洛克（John Locke，1632—1704），英国哲学家，代表作有《论宽容》(A Letter Concerning
   Toleration)、《政府论》(Two Treatises of Government)、《人类理解论》(An Essay Concerning
   Human Understanding)、《教育漫话》(Some Thoughts Concerning Education)等。洛克就教育
   问题提出了著名的"白板说"。——译者注
⑥ 贝克莱（George Berkeley，1685—1753），爱尔兰哲学家、科学家和主教，代表作有《哲学纪事》
   (Philosophical Commentaries)、《视觉新论》(An Essay Towards a New Theory of Vision)、《人
   类知识原理》(Of the Principles of Human Knowledge)等。——译者注
⑦ 休谟（David Hume，1711—1776），英国哲学家，著有《人性论》(A Treatise o Human Nature)、
   《人类理解研究》(An Enquiry Conceming Human Understanding)、《道德原则研究》(An
   Enquiry Conceming Human Understanding)、《随笔与论文》(Essays，Moral，Politica，and
   Literary)等。——译者注
⑧ 穆勒（John Stuart Mill，1806—1873），英国哲学家、逻辑学家、心理学家和经济学家，代表作有
   《论自由》(On Liberty)、《功用主义》(Utilitarianism)、《逻辑体系》(A System of Logic)等。——
   译者注

珀①。也许你渴望反思人类存在的无限多样性以及性格对环境的反应。你愿意拿莎士比亚和英国的小说家们去换泰伦提乌斯②、普劳图斯③和特力马乔④的宴会吗？还有，我们有幽默大师，谢里丹⑤、狄更斯⑥和其他作家；阅读拉丁作家的时候，有谁曾那样开怀大笑过？西塞罗是一位伟大的演说家，他曾站在帝国的盛大仪式的舞台上；英国也有演说家们，他们充满想象力地对州政府官员们演讲，激发政府官员们阐述政策的灵感。这个名单还可以扩大到诗歌和历史领域中去，我不再继续叨扰。我只是希望证实我以下断言：拉丁文学不能完美表达人类生活的共同要素。拉丁文学不会笑，它也几乎不会哭泣。

你绝不能将拉丁文学与它所处的背景割裂开来。拉丁文学不是希腊和英国那种意义上的文学，它不表达人类共同的感情。拉丁语学有一个主题，那就是罗马——罗马，欧洲的母亲，伟大的巴比伦，一个娼妓，"启示录"⑦作

---

① 马丁塔珀（Martin Farquhar Tupper，1810—1889），英国作家、诗人，代表作有《众所周知的哲学》（*Proverbial Philosophy*）等。——译者注

② 泰伦提乌斯（Publius Terentius Afer，公元前190—前159），古罗马喜剧作家。他的语言被奉为纯正的拉丁语典范，他的六部诗体喜剧对后世戏剧产生了重大影响。——译者注

③ 普劳图斯（Plautus，公元前254？—前184），古罗马喜剧作家，代表作有《俘房》（*Caprivi*）等一百多部喜剧，但流传下来的只有二十多部。——译者注

④ 特里马乔（Trimalchio）是古罗马诗人派卓涅阿斯（Petronius）的讽刺诗歌中的人物，一个有钱但是很无趣的暴发户。——译者注

⑤ 谢里丹（Richard Brinsley Sheridan，1751—1816），英国剧作家和政治家，著有《造谣学校》（*The School for Scandal*）、《批评家》（*The Criric*）等。——译者注

⑥ 狄更斯（Charles Dickens，1812—1870），英国作家，代表作品有《匹克威克外传》（*The Posthumous Papers of the Pickvick Club*）、《雾都孤儿》（*The Advenures of Oliver Twist*）、《双城记》（*A Tale of T'wo Cities*）、《远大前程》（*Great Expectations*）、《老古玩店》（*The Old Curiosity Shop*）、《我们共同的朋友》（*Our Mutual Friend*）、《大卫·科波菲尔》（*David Copperfield*）等。——译者注

⑦ 启示录（*Apocalypse*），指《圣经·新约》中的"启示录"。在启示录中巴比伦被描绘成一个女人，人们通常认为它是指古罗马的首都。——译者注

者描述了她的末日：

　　"她为自己要经受的折磨而恐惧,远远地站开,口中念念有词：
唉,唉,伟大的巴比伦城,伟大的城! 一个小时之内你就要受到审
判。世界上的商人们将为她哭泣和悲哀;因为再不会有人买她的
商品。"

　　"那些金银制品、宝石和珍珠制品、细麻布、紫色布、丝绸、鲜红
色衣料、香木、各种象牙器皿,和最珍贵的木材以及黄铜、铁和大理
石制品。"

　　"还有桂皮、香料、油膏、乳香、葡萄酒、油脂、精制面粉、小麦、
各种野兽、绵羊、马、双轮战车、奴隶和人的灵魂。"

　　罗马文明呈现在早期的基督教教徒的面前就是这样一个方式。但基督
教本身就是古代文明世界里的一个部分,这个文明世界从罗马传递到欧洲。
我们继承的是东地中海文明的两个方面①。

　　拉丁文学的作用,在于它反映了古罗马。了解了古罗马,你的想象力会
在你想到英国和法国时以古罗马的历史为背景,你就具有了扎实的文化基
底;了解古罗马,会引导你回到地中海的文明,罗马曾经是那个文明的最后
阶段;了解古罗马,你面前会自然地展现出欧洲的地理环境,以及海洋、河
流、山脉和平原在历史进程中的作用。青年人在接受教育的过程中,这种学
习的优点是：生动具体、激励行动,历史人物在品格和历史表现上那种始终

---

① 地中海文明的两个方面：语言和宗教。——译者注

如一的伟大。那些历史人物，他们目标伟大，品格伟大，罪行也伟大①，他们以强大的力量克制原罪以拯救功德②。道德教育离不开对伟大的习惯性的耳濡目染。如果我们不伟大，我们做什么或结果怎么样就无关紧要。对伟大崇高的判断力是一种即刻的直觉感知，而不是一种争辩的结论。改变宗教信仰的年轻人，痛苦地感觉到自己是一条虫而不是人，这对于人的伟大崇高是不碍事的。只要还存在对伟大崇高的坚定信仰，就足以证明所受的心灵惩罚是公平的。对伟大崇高的感知是道德的基础。我们正处在一个民主时代的开端，人类的平等是建立在高水准还是低水准上，这个问题尚未确认。从未有过一个时代像现在这样，更需要青年人保持对罗马的想象。对罗马的想象本身就是一幕伟大的戏剧，而且对罗马的想象会产生比这本身更伟大的结果。文学特质的美学鉴赏，我们现在深入的正是这个话题。在这里，古典文学艺术教学的传统需要进行最有力的改革，以适应新的形势。它沉迷于古典学者的形成。旧传统坚定不移地将最初的阶段用于语言学习，然后依靠流行的文学氛围去获得文学的愉悦。在 19 世纪后期，其他学科的课程逐渐侵占了古典教育可以利用的时间。结果常常是把时间浪费在语言学习中，而古典教育毫无成果。我常想，正是源于这种挫败感，英国那

---

① 原文为：Their vices were great. 译者不想把这里翻译成"他们的罪行骇人听闻"，无论是从 great 这个词本身的褒义的情感调子上，还是从上下文的逻辑关联上（前面说 the uniform greatness of persons），似乎都应该是"他们的罪行伟大"。那些伟大的历史人物，因为极强的能量可能会犯下很大的罪行，但是那个罪行跟邪恶的犯罪不同。人的品性一以贯之。同一个人，为善作恶是在这个人的价值观范畴里。举一个中国的例子，鲁提辖拳打镇关西，鲁达三拳两脚把泼皮郑屠打死了。打死人当然是罪行，可是这是惩恶扬善之罪，这个罪行是因为嫉恶如仇，里面有伟大的成分。译者个人愚见，或有不妥，还望见谅。——译者注

② 原文为：They had the saving merit of sinning with cart-ropes. 在这里，cart-ropes 可以直译为手推车上的绳子，或者译为套绳，可以想象是一种很粗、很结实的绳子，用这样的套绳把罪给绑起来，需要强大的克制力，是一种极大的美德，或说拯救之德（saving merit）。——译者注

些伟大的学校里出来的许多学生，才会令人遗憾地对智识缺乏热情。学校中古典文学艺术的课程，必须好好设置，确保可以清晰地达成一个明确的结果。雄心勃勃的学术理想，往往因为太过伟大才走上失败之路。

在对待每一件与艺术相关的工作时，我们必须恰当地处理好以下两个因素：尺度和速度。如果你用显微镜去检查古罗马的圣彼得大教堂，对建筑师来说是不公平的；如果你一天只读五行《奥德赛》，伟大的历史故事也会让你觉得烦躁无味。我们现在面临的正是这样一个问题。我们正在教的学生，他们的拉丁语知识从没好到能够快速阅读的程度，而作品里要说明的景象又包罗万象，且跨越了历史的整个时期。因此，仔细研究古典教育的尺度和速度，仔细研究我们的工作在不同部分的相关功能，这都是必要的。我还没有发现任何文献资料是从学生心理特点入手论述的，这是共济会会员的秘密吗？①

我时常注意到，如果在大学者们聚会的时候一旦说起翻译的话题，他们的情绪和感情会表现得像是体面人撞见了低级下流的性事一样。但一个数学家没有必要担心丢了学者的面子②，所以让我来面对这个问题吧。

按照我之前展开的思维路线进一步分析，我认为拉丁语学习的最基本的品质由这些组成：明确拉丁词汇的意义，知晓语法结构以何种观念被连接，领会完整的拉丁句子并且能明白那个句子对突出重点所作的贡献。所以，任何教学上的含混不清，忽略语言中的精妙幽微，都会使我呈现出来的整个目标失败。通过使用译文，帮助学生尽快逃离拉丁语，避免分心去抓语

---

① 共济会（Free and Accepted Masons），是全球最大的秘密组织。入会者都会被要求发毒誓，绝不透露共济会的秘密。在这里怀特海的意思是，应该有人从学生心理入手来分析，并写成文献供大家讨论分析。

② 这里的数学家是指怀特海本人。怀特海谦说自己不是大学者，不必顾忌面子。——译者注

法结构,这是错误的。整个拉丁语学习的主要价值在于:精确,明确,独立分析能力。

我们依然面临无法回避的速度问题,整个学习课程只有短短的四年或五年。每一首诗注定要在一定的有限时间内阅读。各种对比、意象,还有情绪的转变,都必须与思想的节奏变化相一致。这些都有自己的周期,不能超越时限。你们可以看看世界上最崇高的诗歌,如果你以蜗牛的速度慢慢地阅读它,那么,美丽的诗歌将不再是艺术作品,而变成了一堆垃圾。假想有一个孩子,他专心阅读他的功课时大脑的活动:读到"当……",他停下来查字典;他再接着继续读下去,"一只鹰",又停下来查字典;接着,他还会对句子的结构感到好奇,如此这般,这般如此。这会帮助他认识罗马吗? 当然,常识会让你去找来最好的文学翻译,那种最好地保留了原文的魅力和气势的译文。好的译文,你可以用正常的速度来大声朗读,并附带作一些说明来解释语句的含义。对拉丁语的攻击被加强,因此它把活生生的艺术放进了神龛里封存。①

但是有的人会反对说,译文总是比原文拙劣。译文当然不如原文,这正是孩子们必须学习拉丁语原文的原因。当他们掌握了拉丁语后,就可以按照适当的速度来阅读。我恳请大家,以正确的速度读译文,对诗文整体有一个初步的认识;再以正确的速度读原文,对诗文整体的全部价值进行最后的赏鉴。华兹华斯②曾说到那些科学家"为了解剖而去谋杀"③。与他们相比,

---

① 原文为: The attack on the Latin will then be fortified by the sense that it enshrines a living work of art. ——译者注
② 华兹华斯(William Wordsworth, 1770—1850):英国浪漫主义诗歌的主要奠基人。——译者注
③ 科学家太理性,缺乏情感,所以才会为了解剖而不惜去谋杀。本来解剖通常用来救人。——译者注

过去的古典学者们才是真正的杀手。美的感觉是渴望，是强烈的，需要待之以应有的敬畏。但我要进一步说明，能够传递罗马视野的全部的拉丁文学，要比学生们在原文中所学更伟大。他们应该去读比自己能读的拉丁原文更多的维吉尔，他们应该去读比自己能读的拉丁原文更多的卢克莱修，他们应该去读比自己能读的拉丁原文更多的西塞罗，他们应该去读比自己能读的拉丁原文更多的历史作品[①]。学生在研读一位作家作品时，所选的拉丁语文本应该能够充分展示这位作家的整个精神世界。虽然失去了用母语和自己的语言表述时的那种力量，但是，根本不读作家的原文作品是一个极大的错误。

古典历史的呈现极大地涉及规模的难题。展现在青年学生们面前的每一种事物必定要立足于特定的和个体的情形。然而，我们想阐明的是整个历史时期的一般特征。我们必须让学生们通过接触来学习：建筑图片、雕像模型、花瓶照片以及说明宗教神话或家庭生活场景的壁画，通过这些直观演示来展示过去的生活方式。这样，我们可以把罗马跟罗马时代之前的东地中海文明进行比较，把罗马跟之后的中世纪时期进行比较，使孩子们了解古人在他们的外貌、他们的住宅、他们的技术、他们的艺术，以及他们的宗教信仰方面如何发生变化，这是十分重要的。我们必须仿效动物学家们的做法，他们手上有整套动物标本，他们通过展示典型实例来进行教学。我们也应该这样做，展现罗马在历史中的位置。

人类的生活建立在技术、科学、艺术和宗教上，而技术、科学、艺术和宗教是互相联系的，它们都来自于人类的智慧。但是，在科学和技术之间，在艺术和宗教之间，却有着特殊的密切关系。如果你不了解这四个基本的要

---

① 这里保留了原文的排比格式，以便在朗诵此处时有音韵节奏和激情。——译者注

素，就不可能了解任何一种社会结构。现代社会的一台蒸汽机可以完成古代社会一千个奴隶才能完成的工作。大部分古代社会帝国统治和势力扩张的关键因素是掠夺奴隶。现代民主的一个必不可少的条件就是印刷出版。现代社会智力发展的关键是科学的不断进步，思想观念的转变和技术的进步也会随之而来。在古代世界，美索不达米亚和埃及王国由于水利灌溉系统发达而繁荣昌盛。而罗马帝国的存在是由于它出色地利用了各种技术：道路系统、桥梁、沟渠排水系统、涵洞、污水管道系统、宏伟的建筑、组织良好的商船队、军事科学、冶炼术，以及农业，这些技术至今仍在广泛使用。这是罗马文明得以保持完整并扩展的奥秘所在。我常想，为什么古代罗马的工程师们没有发明出蒸汽机。他们本可以随时发明出来。如果古罗马工程师真的发明了蒸汽机，世界历史会是一幅多么不同的图景。我把原因归于罗马人生活在温暖的气候环境里，他们没有引进茶叶和咖啡。在 18 世纪，有成千上万的人坐在炉火边，注视着他们的茶壶在炉火上冒汽沸腾。我们当然都知道亚力山大的希耶罗曾做出过某种小玩意儿。罗马工程师们缺少的只是注视茶壶沸腾这个极其普通的过程，他们没法对蒸汽的推动力留下深刻的印象。

人类的历史，必然与技术进步的推动力有一定关联。在过去的一百年里，先进的科学使自己与发达的技术联姻，从而开启了新纪元。

同样，在公元前约一千年，当写作的艺术终于推广开来时，第一个伟大的文学时代随之开始。在它最初朦胧的起源时期，写作艺术仅用于传统僧侣经文、正式的官方记载和编年纪事。当一件新事物开始的时候，如果认为人们一开始就能预见它的影响范围，那就大错特错。即便今天，即便在今天，当我们经过思维训练，知道要对各种可能的新思想进行认真思考时，我们仍不能预见新事物在未来会有什么样的影响范围。在过去的岁月里，新事物伴随着的各个不同方向的思想，缓慢地渗入社会体系之中。于是，写作作为激励个人保留新思想的一个方式，慢慢地在东地中海沿岸为人们所掌握。当希腊人和希伯来人完全掌握了写作艺术，人类文明就换了新天。尽管延迟了一千年，一直到基督教时代的到来，希伯来精神①才有了普遍的影响。但是，希伯来的先知们那个时期就在记录他们内心的思想，也就在那时希腊文明开始形成。

我要说明：要理解罗马的背景和前景，掌握大量的历史是必要的。而在这大量的罗马历史中，符合我们历史传统的对政治事件的连贯记载压根不存在，甚至一部分口头解释都进入背景之中。我们必须利用模型、示意图和图表来展示典型的例证，来说明技术的发展及其对现代生活方式的影响。艺术，以同样的方式，巧妙结合了实用与宗教，既表达了真实的充满想象力的内在生活，又通过艺术的表达来改变着人们的内在生活。孩子们可以通过模型、图片，有时还可以通过观赏博物馆中的实物，来了解往时代的艺术。绝不能从抽象概括的一般叙述来探讨过去的历史，而必须通过具体的实例，展现那缓慢而连续的发展进程，从一个时代到另一个时代，一种生活方式到另一种生活方式，一个种族到另一个种族。

当阅读东地中海文明的文学时，同样地我们必须采用这种具体的方法。

---

① 希伯来精神和希腊精神都是西方文化的源头。对照来理解会更容易。希伯来文化里，理想的人是有信仰的人；希腊文化里，理想化的人是理性的人。希伯来精神的最终目的是人被拯救，希腊精神的最终目的是人得到完满；希伯来人强调严格的良知，希腊人强调人的自发的意识性；希伯来人强调训诫与服从，希腊人强调按照本来面目看待事物。这两种精神，就像中国的儒家思想和道家思想一样，是思想的钟摆，其中希伯来精神像是思想的一极。希伯来精神其实在宗教盛行的中世纪有了更大的影响。——译者注

在你开始思考这个问题时你要知道，所有对古典重要性的断言都只基于一点：没有任何东西能代替第一手知识。希腊和罗马是欧洲文明的奠基者，历史知识首先就应该是关于希腊人和罗马人的思想的第一手知识。因此，要将罗马置于一个适当的图景中去理解①。我竭力主张学生们阅读一些一手的希腊文学范文，当然是翻译作品。但我宁愿选希腊原作的译文，而不是英国人写的谈论希腊人的文章——无论他写得多么好。在掌握了希腊的直接知识之后，可以阅读一些讨论有关希腊的书。

我所说的这种阅读是指，阅读用韵文翻译的《奥德赛》，希罗多德②的部分作品，一些由吉尔伯特·默里③翻译的古典希腊戏剧中合唱队解释剧情的朗诵词，普鲁塔克④写的传记作品，特别是关于阿基米德⑤在马塞洛斯⑥执政时的那部分生活；还有欧几里得《几何原本》⑦中的一些定义、公理和一两个

---

① 不能孤立地解读罗马，要把它置于一个历史图景里。——译者注
② 希罗多德（Herodotus，约公元前484—前425）：古希腊历史学家，史学著作《历史》九卷本的作者，被称为"历史之父"。——译者注
③ 吉尔伯特·默里（Gilbert Murray，1866—1957）：英国古典文学学者，希腊文教授，著有《希腊史诗的兴起》、《希腊宗教的五个阶段》等，以英语诗歌翻译了大量古希腊戏剧。——译者注
④ 普鲁塔克（Plutarch，约46—120）：古罗马传记作家，著有《希腊罗马名人传》等。——译者注
⑤ 阿基米德（Archimedes，公元前287—前212）：古希腊数学家、物理学家、天文学家、发明家。——译者注
⑥ 马塞洛斯（Marcus Claudius Marcellus，公元前268—前208）：著名将领，公元前224年、前214年、前210年、前208年多次担任古罗马执政官。——译者注
⑦ 欧几里得（Euclid，公元前330—前275）：当时希腊科学发展处于鼎盛时期，代表埃及、希腊数学成就最高水平的就是《几何原本》。《几何原本》的内容可能吸取了前人的成果。原著共十三卷。欧几里得的伟大贡献在于他将这些材料作了整理，并在书中作了全面的系统阐述。他以超乎寻常的判断力和洞察力，对公理和公设作了适当的选择。然后，他仔细地将这些定理作了安排，使每一个定理与以前的定理在逻辑上前后一致。在需要的地方，他对缺少的步骤和不足的证明也作了补充。值得一提的是，欧几里得《几何原本》虽然基本上是平面和立体几何的发展，也包括大量代数和数论的内容。该书问世之后，很快取代了以前的几何教科书，在完整的演绎推理结构方面，这是一个十分杰出的典范。正因为如此，自本书问世以来，思想家们为之而倾倒。欧几里得《几何原本》是世界名著，在各国流传之广、影响之大仅次于《圣经》。——译者注

命题，但要读希斯①翻译的那种准确的学者式的译文。所有这些，都必须有足够的解释，说明作者的内心境遇。罗马在欧洲世界中处于绝妙的地位，这来自这样一个事实，它留给我们一份双重的遗产。罗马接受了希伯来文化的宗教思想，又融合了希腊文明，传给欧洲。罗马本身就代表着对多元的骚动元素的有机组织和统一。罗马法体现出罗马之所以伟大崇高的奥秘，即在帝国钢铁一般的结构中，对人性隐私权的那种斯多葛学派②式的敬重。欧洲总是分裂，因为它继承的传统中多样的爆发性的特质；欧洲又总是趋于联合，它永远不能摆脱从罗马继承来的那统一性的影响。欧洲的历史是罗马控制希伯来人和希腊人的历史，历史中伴随着它们不同的宗教、科学、艺术、追求物质享受和支配欲的冲动，这些冲动势不两立。罗马的愿景就是把文明大一统的愿景③。

---

① 希斯（T. L. Heath，1861—1940）：英国数学家，希斯的英文版《欧几里得原本十三卷》是公认的能代表欧几里得原本的权威著作。——译者注
② 斯多葛学派（The Stoics）是塞浦路斯岛人芝诺（Zeno）于公元前 300 年左右在雅典创立的学派；因在雅典集会广场的廊苑（英文 stoic，来自希腊文 stoa，原指门廊，后专指斯多葛学派）聚众讲学而得名。斯多葛学派是希腊化时代一个影响极大的思想派别。芝诺被认为是自然法理论的真正奠基者。斯多葛学派的主要代表人物有巴内斯、塞内卡、埃彼克泰特、马可·奥勒留等。——译者注
③ 原文为：The vision of Rome is the vision of unity of civilization. ——译者注

第六章 数学课程

ॐ

（1912 年担任英国数学家协会伦敦分会主席的演讲）

ॐ

如果不回溯几个世纪前中世纪学习传统的中断，我们就不能为当下教育的形势找到一个比较。传统的智识观，尽管曾经因为显著的胜利而获得权威，却已经逐渐变得狭隘，无法服务于当今人类的利益。人类利益发生改变的结果是，要求教育的基础作出相应的改革，从而适应学生的需要，向他们教授他们日后生活中能确实影响他们心智的观念。人类社会智识观的任何一次重大的根本性变化，都必然引起教育的改革。这种教育革命有可能会延迟一代人的时间，因为受到既得利益的影响，或是一些学界领袖固守自己求学时期所受精神激励的影响，但法则不可抗拒，要使教育生动、有效，就必须直接向学生传递这样的观念，为自己创造能力，使自己能欣赏所处时代的流行思想。

任何成功的教育系统都不可能在真空中产生。也就是说，教育系统不能脱离与智识的气氛之间的直接联系。如果我们的教育不是现代的,教育的命运就会像一切有机体那样,难免会因为保存时间过长而腐坏[1]。

"现代",这个被祝福的词,并不真正拯救教育的困难。所谓现代的教育,就是用现代的思想去传递知识,用现代的思想培育能力。在这个意义上,有些事物只是昨天才刚刚被发现,却不能真正算是现代的。它或许属于某些以前流行的过去的思想体系,它可能太深奥了。当我们要求教育要跟现代思想相关,我们所说的思想指的是在文明社会中那些广为流行的观念。在普通教育中,深奥的课程不合时宜。这个问题就是我今天下午的演讲的关键点。

对于数学家来说,数学的确是一门复杂的学科。外行都倾向于谴责我们的科目太复杂了。让我们抓住这让人烦恼的时机,向人坦率地承认:在通常的观点来看,这的确是一个深奥的典型例证。但是,深奥并不等同于问题很难,而是相关观念的运用是高度专业化的,没能影响到人们的思想。

人们对数学课程太复杂的抱怨是一种特有的邪恶,摧毁了数学在通识课程中的应用。到目前为止,这个邪恶的力量还附着在学科的教育应用上;到目前为止,我们必须承认我们的数学素养普遍地处在一个让人悲伤的低水平上。我比任何人都更渴望扩大数学教育范围。要达成数学教育的加强,盲目学习更多数学知识并非良方。我们必须面对阻碍数学广泛应用的真正困难。

数学课程到底是不是很深奥呢? 总的说来,我认为是的。*Securus*

---

[1] 原文为:Education which is not modern shares the fate of all organic things which are kept too long. 有机体会衰败、会腐坏。比起无机物,有机物的存在更寄赖于使用和更新,而不是保存。知识也如此。——译者注

judicat orbis terrarium[①]，人们的一般判断还是可信的。

数学这门学科，存在于人们的大脑里是深奥的，存在于学生们的数学书上也是深奥的。数学，从一般的原理出发，经过演绎得出无数的特殊的结果，每一个结果都比推论过程之前更加深奥。我今天下午的任务，不是为了要辩护说：数学这门学科的学习是多么意义深远。这一点，不证自明。我想强调的是：数学这门科学吸引学生的主要原因，也是使数学的应用成为一种教育障碍的原因，教育的无尽财富来源于此。这些原因即：来自一般原理的互相影响的大量推论，它们之间的复杂关系，它们与争论的出发点之间明显的疏远，形式多样的方法，它们的纯抽象特征，这些数学的礼物，带来不朽的真理。

当然，所有这些特性对学生来说都是无价宝。古往今来，数学的特性吸引了很多具有最敏锐的智力的人们。我只发表一条见解：除了那些天选一般的高天赋的人们，数学教育对一般人来说都是致命的。学生们被各种各样的细节给弄迷糊了，这些细节跟伟大的观念无关，跟日常的思想也无关。为了教育的利益，最后一项衡量标准就是，这种培训是否扩展到获取更多细节的方向。

我们得到的结论是，数学，如果要在普通教育中被用到，必须经过一个严格的筛选和调试的过程。我认为，只要付出了一定的努力，即便是智商一般的学生也能有所收获。为了即使只有一点点的进步，我们也要对数学教育作出改变。在数学教育的任何一个阶段，我们都要严格排除一些不合时宜的因素。这门科学呈现在年轻学生面前的时候，务须丢掉深奥的一面。

---

① 圣·奥古斯丁说过的话，意为：世界公论起决定性作用。——译者注

它必须能直接地、简单地探讨一些具有重要性的意义深远的一般观念。

在数学教育改革这件事上，现在这一代教师们非常有理由感到骄傲，因为他们取得了成就。改革中已经显示出了巨大的能量，而且在不可思议的短时间之内完成。在公共考试制度下，改革一门根深蒂固的既定课程，一般人难以设想这个任务有多艰难。

尽管如此，他们还是取得了巨大的进步。至少，老旧僵死的传统被打破了。我今天下午着重要谈的，就是关于重建我们的数学教育体系。我已经以一句话来概括了我对这个问题的看法，即，必须要把深奥性从一门学科的教育用途中去除。

我们的教学过程中，应该被设计得能够简要地说明一系列显而易见的、具有重要性的观念。所有花哨的题外话都应该被严格去除。我们要设立的目标是：学生对抽象的思想获得了亲熟感，应该能够在特定具体环境中意识到怎么样去运用这些抽象的思想，应该知道在符合逻辑的调查研究中怎么样去运用一般方法。怀着这种理想，你会发现，没有什么比盲目在课本中增加原理更糟糕的事儿了。那些原理在课本中占据一席之地，仅仅是因为学生能去学习它们，而考试出题人能够对此提出简答题来考查学生。学生要学习的书本知识，是能够说明观念的，也是非常重要的。所举的例子，应该直接说明公理，也可以是在具体现象中应用的方式。只要老师觉得合适，例子越多越好。需要强调一点，如果考试中出现的实例需要很多深奥细节知识的话，精简教材徒劳无功。人们往往存在一种错误的观念，认为卷面试题能甄别能力与天分，而书本知识能检测一个人的死记硬背。我的个人经历并非如此。为了争取奖学金而死记硬背的孩子，才会成功解答有难度的试卷。适当地编排教材，而不是按照通行的那种糟糕的教学计划来编排，又以增添一些直接例证为前提,也是非常好的能力检测呢。不过,这都是由考试对教学不良影响引出的题外话了。

基础数学中的主要观念其实根本不深奥,只能说它们抽象。在通识教育中开展数学教育,一个主要的目标就是培养学生掌握抽象观念的能力。这门科学成了最初第一大组抽象观念,以精审的方式,自然地进入学生头脑中。为了教育起见,数学由数字关系、数量关系和空间关系组成。这不是数学的一般定义,在我看来,数学不仅仅是一般科学。我们现在讨论的是教育中数学的应用,这三组关系:数字关系、数量关系、空间关系,是相互联系的。

在教育进程中,我们从特殊到一般。因此,儿童应该被教会在简单事例中实践这些观念。我的观点是,不要无目的地堆砌特殊数学理论,而是最终认识到,之前多年的学习说明了数量、质量和空间之间的关系,这才是数学教育的目标。这样的培训应该作为一切哲学的基础。实际上,初等数学如果能够很好地被接受的话,就会给人群中那些普通智力的人们以哲学的训导。但是我们在数学教育中务必要避免一点,就是无意义的细节的堆积。去做一些实例题,爱做多少做多少,让孩子们做上几个学期,几年也行。但是这些例题必须能够直接说明主要观念。用这种方式,也只能用这种方式,才能避免数学那致命的深奥。

我不是针对那些将来会成为专业数学家的学生,也不是那些因为职业原因被要求有一定数学细节知识的学生。我们考察的是指向所有学生的通识教育。也包括上述两类学生。因此,数学的一般运用,应该是对某些一般真理的简单的学习,能够用实践中的实例很好地说明。这种学习要从自身去构想,要和前面所讲的专业数学研究完全区分开来,尽管这种数学教育为专业的数学研究做了最精彩的准备。数学教育的最终阶段，学生掌握了那些在练习中已经被阐明的一般原理。据我所知，当今数学教育的最终阶段是让学生掌握和三角形相连的圆的关系证明。数学家往往会对这样的数学题很感兴趣，但是，它们难道不深奥吗？它们与通才教育的理想之间又有什么确切联系？在古典文化教育中，学生们学习语法，目的是为了阅读维吉尔和贺拉斯①——最伟大的人的最伟大的思想。这能一样吗？当我们为自己的科学（数学）辩护，称其在教育中有足够的代表性的时候，却说我们数学教育的终点是学生知道九点圆②的性质？我很坦率地问你，是不是很掉价？

这一代数学教师在改革数学课程方面做出很多勤勉的工作。我们不必灰心，我们一定会设计出课程，它能在学生头脑中留下比"二义情况"③更高贵的东西。

让我们想想，在基础课程结束的时候，最后复习时怎么引导那些天资聪颖的学生。在一定程度上，毫无疑问，需要对所完成的全部工作进行全面监督，而不必考虑过多的细节，以便强调那些用到的一般观念，以及这些观念在进一步学习中重要的可能性。同时，分析和几何思想在物理实验室中得到了直接的应用，在物理实验室中，应完成一门简单的实验力学课程。这样

① 贺拉斯（Quintus Horatius Flaccus，公元前 65—前 8），古罗马诗人、批评家。——译者注
② 九点圆，又称为欧拉圆，或费尔巴哈圆。在平面几何中，对任何三角形，九点圆通过三角形三边的中点、三高的垂足，和顶点到垂心的三条线段的中点。九点圆定理指出对任何三角形，这九点必定共圆。——译者注
③ 二义情况（the ambiguous case），也叫两义情况，是一种歧例，会让人在两个不同意思之间困惑。网上搜索百科得到：如果文法 G 中的某个句子存在不只一棵语法树，则称该句子是二义性的。如果文法含有二义性的句子，则称该文法是二义性的。二义性文法是一种语言语法的不完善说明，应避免。此处，怀特海应该是在幽默，既然本身是需要避免的情况，就谈不上高贵了。老师们很容易就可以设计出比二义情况更好的课程，根本没有必要再给自己施压。——译者注

的应用具有双重的意义,一方面学习物理知识,一方面学习数学知识,两者互为印证。

在力学原理的精确公式化里,数学观念是非常关键的。精确的自然法则的观念,在我们的经验中这些法则以何种程度被证实,以及抽象思想在其形成过程中的作用,对学生来说变得明明白白。课程的整个主题要求详细展开,并充分详细地说明,而不是死记硬背一些抽象论点。

然而,过分强调以最后复习的方式直接说明之前所学,那将是非常错误的。我的意思是,课程的最后部分应该是经由挑选的。事实上,所有先前数学知识的基本思想都应该重视。这一点可以通过实际上进入一个新课题的方式来实现。例如,数的概念和量的概念是精确思维的基本要素,但是在先前的数学教育阶段,这两个要素并没有严格区分开来,理所当然地,孩子们学习代数时没遇到太多麻烦,也没学到太多数量。但是他们之中禀赋较好的学生,在课程的最后,通过仔细考虑量的基本性质而大获裨益,从而引入了数值测量。这个主题也有一个优点,让必要之书实际成为手边之书。欧几里得第五卷,被那些有资格作出判断的人视为希腊数学的典范,针对这个问题作出详细阐述。没有什么更能说明传统数学教育那无可救药的狭隘,传统数学教育一直忽略了这一卷。它处理观念,因而被摒弃了。当然,我们需要对重要命题作出仔细挑选,对论点作出仔细修正。我们不是要引入第五卷的全部内容,我们只需挑其中体现基本概念的少数命题。这个主题不适合那些落后的学生,但是那些学习程度好的学生一定会因为这个主题很感兴趣。而且,关于数量的性质,以及我们在处理数量时应采用的确定方法,能够让学生感兴趣的可供探讨的范围还挺大。这项工作不会完全悬在空中,而是在每一个阶段通过参考实际案例来加以说明,这些案例缺乏定量特征，或模糊不清、或难以预料、或明白清楚①。温度、热度、电流、喜悦与痛苦、质量与距离，这些都可以用来思考。

另一种需要实践证明的数学知识是函数。数学中的一个函数相当于物理学中的一个定律，或是相当于几何学中的一条曲线。当一个学生在数学课程中学习作图表的时候，他就开始学习函数与曲线的关系。近些年，数学课程在图表方面做了不少改革。但是到目前为止，改革要么失于激进，要么失于保守。仅仅画出一个图表是不够的，图表背后的观念，就像枪后面的拿枪的人，才是其成效的根本所在。近来有这样一些倾向，留下整个问题，仅仅让学生去画图表②。

在学习简单的代数函数和三角函数时，我们其实也开始了学习物理定律的精确表达。例如，曲线可以视为物理定律的一种数学表现形式。在数学函数的物理定律演绎中，有一些是需要避免的，例如平方反比③或者直接距离④。需要实际演绎的数学函数应该是简单易懂的，还要能够证明物理定律的重要而具体运用的实例。对此我特别提出一点，我们可以利用微分学里面的一些函数知识去做简单的曲线性质证明。在这个过程中，学生就会发现变化率的概念其实没有那么难。对 x 的数次幂（例如 x^2、x^3 等）求导，

---

① 为什么没有数量特征时还能清楚明白呢？或许有些案例本身并不需要测量和以数字计量。——译者注

② 原文为：At present there is some tendency merely to set the children to draw curves, and there to leave the whole question. ——译者注

③ 平方反比，可以称为反平方比或者逆平方比。在物理学，平方反比有一些重要的应用。如果任何一个物理定律中，某种物理量的分布或强度，会按照距离源的远近的平方反比而下降，那么这个定律就可以称为是一个平方反比定律。两个重要的平方反比定律是：万有引力定律和库仑定律。怀特海在这里提到平方反比的意思，或许是因为不够简单易懂，所以建议不要复习了。——译者注

④ 直接距离，应该用非常简单的减法或加法就能计算，因此也没有复习的必要。怀特海举了两个极端（过难和过于简单）的例子，希望教师带学生复习时能够中道而行。——译者注

很快就能算出来，如果借助几何学，我们还可以对 $\sin x$ 和 $\cos x$ 进行求导。如果这样，我们就不会再给学生灌输他们既不能懂、也不会用的数学公理，学生的注意力就会被吸引到一些具有重要意义的问题解决中。如果我们让学生通过这种方式熟悉数学概念的演绎过程，那么他们就能明白那些真正能影响思想的概念。

在离开这个话题前，还要说一下。物理定律和数学精确定律，其完全精确性从来没有真正被观察所证实过，但能够简单说明和提供精彩的例证[①]。同样地，统计学定律，也就是用大量数据求平均数才能满足的定律，很容易被研究和说明。事实上，研究统计方法及其在社会现象中的应用，是应用代数思想的最简单的例子之一。

学生还可以通过数学史归纳所学的数学概念。我们不应把数学史仅仅看作一串年代、人名的简单排列。数学史的要义在于阐述过去的数学思想趋势，这种阐述是这些学科才刚一出现时成为兴趣的目标。在这里，我只想引起人们对数学史的重视，也许这正是这门学科可以获得的圆满结果，也是我期盼的结果。

到目前为止。我们讨论了两个主要问题，即量的概念和自然规律的一般概念。这些概念应该成为人文教育体系中的数学课程的学习目标。此外，数学有一个不容忽视的方面，即作为逻辑方法训练的必备工具。

那么，什么是逻辑方法呢？一个人怎样从逻辑方法中得到培训呢？

逻辑方法不仅仅是有效类型的推理知识和遵循它们所必须的专心致志

---

① 原文为：Before leaving this topic of physical laws and mathematical precise law is never really verified by observation in its full precision is capable of easy illustration and of affording excellent examples. ——译者注

的实践练习。如果只是这样，它也仍然是非常重要的。因为在过去的时代，人类的思想不是为了寻求推理而进化的，人类仅仅是为了在两餐之间，提升获得新鲜食物供应的打猎技艺而进化。因此，没有大量的推理实践，也就很少有人能做到严密的推理。

更重要的是成为一个好的推理者，甚至是用那些构成了艺术本质的知识来启蒙普通人。推理的艺术在于在合适时机掌控主题、抓住那些能说明整体情况的一般概念、坚持不懈地提出与此相关的所有次要的事实。一个人没有办法成为一个好的推理者，除非这个人意识到抓住大问题的重要性，不死不休地抓住这些大问题，并且坚持不断地实践。在这个类型的训练上，我认为几何比代数更好。代数的思维领域非常含混不清，而几何对于所有人来说都是一个显而易见的事情。简化的过程，或者说抽象的过程之中，颜色、味道、重量，诸如此类不相干的物质属性统统被忽略掉，这本身也是一种教育。此外，与学科相关的基本事实、基本事实之间的关系，都要形成清晰概念。这样做是必要的，定义、未经证明的假想命题，都能说明这种必要性。而所有这些，不过是这门学科的前言。当我们继续深入学习，好处也会随之继续增加。学习者一开始不需要面对任何符号，这些符号无论多简单都可能会干扰记忆。在推理的最开始的时候，如果得到了合适的引导，学生的头脑会被清晰的观念支配，这些观念会引领每一个阶段的发展。由此，逻辑方法的本质得到了即刻的例证。

我们现在来思考一下几何在人文教育①中能带来什么效果。考虑时，我们把普通学生愚钝所造成的局限性放在一边，也不考虑其他学科造成的时

---

① 前文提到过的 liberal education。——译者注

间占用的压力。我将会把学科的学习分成几个阶段,当然这并不意味着必须按照这个顺序来进行。第一个阶段学习的内容是"全等"①。我们对全等的认识,在实践中取决于我们的判断,即外部情况发生变化时,它们的内在特性是不变的。不管什么样的全等,全等的本质就是两个空间区域之间的点对点的对应关系,即:对应边相等,对应角相等。需要注意,对应边相等,对应角相等,两个图形全等。对相等的检验,例如我们测量长度,只是判定全等的手段,这些手段让我们容易作出即刻的判断。我说这些想要之处,除却与全等相关的推理,全等是一个更广泛的实例、更深远的观念,或是为了它自身的缘故,都值得好好思考。全等涉及的命题阐明了三角形、平行四边形、圆形的基本性质,以及两个平面之间的关系。有必要把这部分经过证明的命题局限在一个狭窄的范围内,这需要我们一方面假设有些公理命题是冗余的,一方面需要我们只介绍那些的的确确非常基础而重要的命题。

第二个阶段要学习"相似"②。在几何的学习过程中,对相似性的学习可以归并成三四个基础的命题。相似概念是全等概念的延伸,也是基于空间里的点对点的一一对应关系。这门学科的进一步学习,最好是调查两个相似的,或者是类似位置的直线图形,分析一两个简单特性。这门学科在平面和地图里可以即刻应用。但是,三角学是确实能使主要定理得以有效应用的方法,牢记这一点,这很重要。

第三个阶段,学习三角形的原理。这是周期性的学习,周期性由图形旋

---

① 全等,几何图形的等价关系。如果两个几何图形大小、形状完全相同,这两个图形就全等。全等是相似特例,或者说全等图形的相似比是1:1。——译者注
② 相似,形状相同的两个图形叫做相似形。相似的性质:对应角相等,对应边成比例。——译者注

转和适当保存了相似图形的相关性而引出。这里，我们首次介绍一点儿代数分析的用处，代数分析以数与量的分析为基础。函数周期性特征的重要性，需要充分的说明。函数的最简单性质是求解三角形所需的唯一性质，以及由此产生的测量应用。公式的价值，常常是就它们自身而言很重要，但是在这类学习中根本用不上。这类公式充斥着我们的课本，应该被严格地排除，除非它们被学生证明可以作为书本知识的直接例证。

关于排除公式这个问题，通过思考三角学这个学科可以得到最好的说明。当然，我也完全可能会偶然发现一个不幸的例子，那个例子里我的判断是错误的。这门学科在教育中的主要优势是，可以使学生的学习限定于三角形中一个角，可以排除正弦、余弦的附加公式和两角之和。函数可以做图表，也可以用三角形求解。因此，科学的各个方面，无论是书本还是实例，都会给学生留下深刻的印象。科学的各个方面包括：（1）分析地体现了从全等和相似推导出的一些定理的直接结果；（2）解决测量的主要问题；（3）学习表达周期性运动和波形运动所需的基本函数。

如果还想进一步拓展这门课程，公式也应该增加。我们要极为谨慎，一定排除让学生专攻出现在培训中的大量公式。所谓"排除"，我的意思是指学生不需要在获取推理的技巧上花费时间和精力。教师们也许会觉得课前做几个这样的例题挺有趣，但是这样做的结果并不在学生应该记住的范围以内。另外，外接圆①和内切圆②的主题都应该被排除在三角学的课程之外，排除在整个几何科目的课程之外。这样的公式，尽管在几何学中非常重要，但是在基础的、非专业的数学教育中意义不大。

---

① 外接圆（circumscribed circle）：与多边形各顶点都相交的圆叫做多边形的外接圆。——译者注
② 内切圆（inscribed circle）：与多边形各边都相切的圆叫做多边形的内切圆。——译者注

如此看来,关于三角学的书本知识必须被减少到一个可控比例之内。我有一天听说,在美国的一所大学,学生被要求熟练掌三角学的 90 个公式或定理。我们英国的数学教育尚不至于如此糟糕。就三角学而言,至少在涉及的基础课程中,基本上达到了我们起草的目标。

第四个阶段开始学习解析几何[①]。在代数中学习图表时已经用到了解析几何的基本概念,现在要求的是一种严格精简的课程,由它们的方程形式定义的直线、圆和三种圆锥曲线的课程。在此我要提出两点。第一[②],给予学生未经我们证明的数学信息,通常是可取的。例如,在坐标几何[③]中,二级方程式的化简可能超出了我们所考虑范围内绝大多数学生的能力。但是这不妨碍我们,在梳理曲线的各种可能类型时,向学生解释圆锥曲线的基本观点。

第二,提倡全面清除作为独立学科的"圆锥曲线几何"[④]。在合适机缘下,通过对一些简单图形的直接演绎,对解析几何的分析会因此轻松一点。但是,圆锥曲线几何有着耀眼的缺陷,它由按焦点和准线性质来定义的圆锥曲线发展而来,深奥得无可救药。圆锥曲线的基本定义,$SP = e \cdot PM$,在这门课程、这个阶段,糟糕透了,它非常深奥,还没什么明显的重要性。究竟为什么学习这些曲线? 为什么学习这一种曲线比其他那么多公式定义的曲线

[①] 解析几何(Analytic geometry),又称为坐标几何或卡氏几何,早先被叫作笛卡尔几何,是一种借助于解析式进行图形研究的几何学分支。——译者注

[②] 译者根据上下文补充。——译者注

[③] 坐标几何(Coordinate geometry),坐标几何系指借助笛卡尔坐标系,由笛卡尔、费马等数学家创立并发展。它是用代数方法研究几何对象之间的关系和性质的一门几何学分支,也叫做解析几何。——译者注

[④] 圆锥曲线几何,常见的圆锥曲线有抛物线、椭圆、双曲线。在后面第十章还有提及。——译者注

还要多呢？当我们开始学习了笛卡尔方法论①之后，我们就会知道对于圆锥曲线的计算来说，一次方程和二次方程的运用自然地成为首先考虑的内容。

按照结合的理想课程，第五步是获取投影几何原理。在这里，交比②和投影③的一般观念是投影几何的基础。投影是一对一关系的更为一般的实例，在全等和相似当中已经学过。这里，我们必须避免陷入大量丰富的细节的那种危险中。

投影几何学所要阐明的智识观念，即对所有可以证明具有某些相同性质的情况，要证明它们是相关的，要感到进行相关性推理具有重要性。投影几何这门学科有一个重要的教育观念：在投影中，保持投影特性不变。交比的概念仅作为基本度量性质而存在。我们要针对若干少量命题来展开投影几何的教学，以此让学生学习其中两个紧密联系的过程。一个是简化证明，这种简化是心理上的，而不是逻辑上的。一般情况下，几何投影中的逻辑关系是最为简单的。这意味着什么呢？证明所需要考虑的情形是我们最熟知的，或者是我们最容易明白的；另一个是从一般真理来推理出特殊事例的情况。一旦我们掌握发现这些事例的方法，或者一旦我们掌握检验它们的标准，我们就可以从一般真理推理出特殊事例。

---

① 笛卡尔方法论：1. 不接受任何我自己不清楚的真理，就是说要尽量避免鲁莽和偏见，只能是根据自己的判断非常清楚和确定，没有任何值得怀疑的地方的真理。2. 要研究的复杂问题，尽量分解为多个比较简单的小问题，一个一个地分开解决。3. 小问题从简单到复杂排列，先从容易解决的问题着手。4. 问题解决后，再综合起来检验，看是否完全，是否将问题彻底解决了。——译者注

② 交比(cross ratio)：最根本的投影不变量。交比的定义与性质，难以三言两语简单说明。好奇的读者可自行查阅。——译者注

③ 投影(projection)：投影几何主要是用正投影法来研究图示和图解空间几何的各种问题，其次是用轴测投影法来反映物体，使之富有立体感，作为帮助看图的辅助性样图。投影几何是现代数学中一个重要的分支，其专门研究空间物体在投影变换下的几何性质，有很多方面的实际应用。——译者注

圆锥曲线的投影定义，一般二次曲线方程的结果同一性，都可以进行简单讲解。这两个方面是投影几何的边缘内容，我们可以传递某些这类题目的信息，但是不要去证明它们。

我们构想的几何课程是完全理想化的，理想到无法实现，这门课程不算太长。在各个阶段的教材中，实际的数学推理是非常少有的。但是，应给出更多的解释，通过实例来说明每个命题的重要性，要么就由教者作出解释，要么就让学生来作出解释，选择要指明思想所适用的领域。通过这样的课程，学生能够获得对主要空间特性的分析能力，和研究它们时的主要方法。

研究数学的要素，怀着数学精神，学生就会获得逻辑方法的训练，同时还会获得一些对宇宙进行科学和哲学研究的基础的精审的观念。这一代的教育者已经取得了精彩的改革成就，在此基础上我们继续坚持，使其课程中包含更广泛、更多的哲学精神，容易做到吗？坦率地说，我认为单凭个人努力很难达到这个结果。那些原因，我此前已经简短说明过，任何教育改革都难于取得成效。但是如果理想真正起效，大家持续的努力会有一种联合的效力，最终会带来令人惊讶的转变。逐渐地，我们想要的课本会被编写出来，考试形式逐步改革，加强那些技术含量较低的方面。所有近期的经验都表明，大部分的教师们都已经准备好了：为了数学不再因为机械训导而备受指责，迎接任何一种具有实践意义的方法。

第七章　大学及其功能

（在美国职业专科学校协会上的演讲）

一

近年来，社会生活中有一个显著特点，那就是大学的快速扩张。所有的国家都参与了大学快速发展的运动。美国尤为突出，也因此享有荣誉的地位。然而，即便大学发展是一个幸运的礼物，我们也很有可能被这个礼物所压垮。大学的发展体现在诸多方面，如大学的数量、大学的规模、大学机构的内部组织的复杂性等，这暴露出一种危险：如果人们对于大学服务于国家的最主要的功能缺乏理解，那么大学的用途从来源上就被摧毁了。有评论说，我们必须重新审视大学的功能，这些评论适用于比较发达的国家，尤其是美国，因为美国已经处于教育发展的领先地位。如果大学快速发展能够得到正确而明智的引导，那将是人类文明迄今为止所迈出的最值得庆幸的一步。

尽管每一所大学的每一个院系都各自有不计其数的特殊性问题，但是本文将只探讨一般性的原理。一般性原理需要例证来说明，我将选择一所大学里的商学院。我选择商学院作例证，基于这样的一个事实：商学院代表了大学教育实践活动中比较新颖的发展趋势。同时，商学院与现代国家中主导的社会活动之间有着特别亲密的关系。因此，商学院是说明大学教育活动影响国民生活方式的好例证。在哈佛大学，我荣幸地执教之处，一座雄伟的商学院已经快要建好地基。

（哈佛商学院①）必定蕴发着某些新颖之处，在世界极少数几个顶尖大学之一，在这种规模宏大的量级里，在这所学校提供的教育培训之中。它标志着一个发展运动的高潮，在过去的许多年里，这个运动已经在全美国大学里引进了与此类似的院系。这是大学里的一个新事物，它本身就可以证明：普遍反思大学教育的目的，是正确的，对社会机制的福利有重要性。

商学院的新颖之处，我们决不能过分夸大，大学从来也没有被局限在纯粹抽象的学习之中。欧洲最古老的大学——意大利的萨勒诺大学②，就是一所主要培养医学人才的学校。1316年，英国剑桥特意成立了专门学院，用于培养"为国王服务的人"。大学已经培养出了神职人员、医生、律师和工程师等。商业现在已经成为高度知识化的行业，所以商业很自然地进入这个行列。然而商学院仍有一个新颖之处：适合商学院的课程，以及商学院里

---

① 译者根据上下文补充。——译者注
② 萨勒诺大学(Universita degli Studi di Salerno)，又译"萨莱诺大学"，位于意大利南部的萨勒诺市。——译者注

各种不同的活动方式,还处于实验探索的阶段。所以,在塑造这类学校的过程中,重申一般原则特别重要。然而,当我开始思考细节,甚至开始思考各种类型的政策对整个教育平衡的影响,关于这样的问题,我没有专业知识,我没法给出建议。

二

大学这种学校既用于教育,也用于研究。但是大学存在的主要原因,不仅仅是向学生们传播知识,也不仅仅是向院系的教师们提供研究的机会。

除了那些昂贵的研究所,大学的这两种功能都可以用非常低廉的花费来完成。书很便宜,学徒式体系也得到了人们很好的理解。仅从传递信息的角度来考虑的话,15 世纪印刷术普及以后,大学已经没有任何用处了。然而,大学的建立恰是在 15 世纪之后才有了主要推动力,近年来尤其如此。

大学存在的理由是,在知识和追求生命的热情之间架起桥梁,它使青年和老年人融为一体,对学术进行充满想象力的探索。大学确实传授知识,但它以充满想象力的方式传授知识。至少,这是它对社会应该起的作用。一所大学如果不能发挥这种作用,它就失去了存在的价值。这种充满想象力的探索会产生令人兴奋的气氛,知识在这种气氛中会发生变化。一个事实不再是简单的事实,它具有了自身所有的各种可能性,它不再是记忆的负担,它充满活力,像诗人一样激发我们的梦想,像设计师一样设想我们的目标。

想象力不能脱离现实,但想象力能照亮现实。想象力是这样运作的:它总结出适用于现实的一般原理,然后对符合这些一般原理的其他可能性作出理智的审视。想象力让人能构筑出一个富有才智的全新的视界,它也能通过提出满足目标的建议而使人保持生活的热情。

青年是富有想象力的，如果这种想象力通过训导被加强了，想象力的能量就能在很大程度上使其受益终身。人间的悲剧是：有想象力的人，没有生活体验；有生活体验的人，缺少想象力；蠢人没有知识，胡乱想象；书呆子没有想象力，只凭知识。大学的任务是融合想象力和体验。

在青年时期对想象力所进行的最初的训练有这样的要求：青年们不承担作出即刻反应的行动的责任。如果每一天都有保持具体组织的日常任务，就不可能养成非标准化思维的习惯，而这种思维习惯正是从一般原理来认识各种不同的完美例证所凭借的。你必须自由地思考，不管你想的是对是错。你必须能够自由地去鉴别宇宙的各个方面，并不被它的危险所打扰。

对于大学一般功能的反思，可以用商学院的独特功能来立即解释。商学院的主要功能就是培养那些对经商极有热情的人，这一点我们不必不敢承认。生活的热情，在有些人眼中就是为了平庸的目的，直奔狭隘的物质享受——这种看法是对人性的污蔑。人类凭其开拓性的本能，和一百种其他方式，宣告那谎言①是错误的。

现代复杂的社会机制中，生活的探险与智识的探险已经不可分割。在相对简单的环境里，探险者凭借本能指引，在山顶视线范围中找到自己要去的地方，并直抵那里②。但是，在复杂的现代商业结构中，任何成功重组都必须先通过分析和想象力重建方面的智识的探险。在相对简单的世界里，商业关系基于人与人直接交往，基于跟一切相关物质环境的直接对抗。今天的商

① 谎言、污蔑都是指人们认为商学院培养的学生直奔狭隘的物质享受。——译者注
② 在简单的社会结构当中，生活的探险也是一种智识的探险。只是，跟现代社会复杂结构的情况相比，难度较低。那时的人决定去哪里、做什么事，取决于视野。怎样获得更好的视野呢，就是到高处去，到山顶上。——译者注

业组织要求富有想象力地去把握人们的心理,这些人从事不同的职业,散布于城市、山区、平原以及海上、矿井和森林中。商业组织需要充满想象力地去了解热带地区的气候条件和环境,了解温带地区的气候条件和环境。商业组织需要充满想象力地了解各大组织之间盘根错节的利益关系,知道一个小小因素的调整对整个复杂联合体会有什么改变。它需要充满想象力地去理解政治经济的法则,不仅仅从抽象理论上,还要具备根据在具体商业活动的特殊情况中诠释这些法则的能力。它需要具备某些有关政府习惯性做法的知识,并了解在不同条件下这些习惯性做法有哪些变化。它需要用一种充满想象力的眼光去认识所有人类组织的约束力,用一种富有同情心的眼光去认识人性的局限,以及能激发人们忠诚服务的条件的局限。它需要了解一些健康的法则、疲劳的法则和持续可靠性的条件。它需要充满想象力地去理解工厂的境况对社会的影响。它需要对应用科学在现代社会中的作用有充分的了解。它需要对人的性格进行那样的训导,使他能对周围的人做出"是"或"否"的回答,不是因为盲目的固执,而是有意识地评估相关选项之后,做出坚定的选择。

　　大学培养了我们这个文明世界的智识先锋——神父、律师、政治家、医生、科学家和文学家。他们是理想的发源地,而这些理想引导人们勇敢地去面对时代的困扰。清教徒①的先辈们离开英国,建立他们宗教信仰中的理想

---

① 清教徒(Puritan):16 世纪,在英格兰教会内部出现了"清教徒运动",其本质是一场教会革新运动。之前《圣经》的诠释一直由罗马教廷主导。1524 年,丁道尔把《圣经·新约》翻译成了英文,引起了人们对圣经更为深切的新理解。一批教徒怀着对教会清肃的志愿,以"虔诚、谦卑、严肃、诚实、勤勉和节俭"为主要的价值观。这时,玛丽女王继位,她主张恢复宗教传统,大肆杀戮清教徒,留下"血腥玛丽"的历史,大批清教徒被驱逐或者自己流亡去欧洲大陆。1620 年,清教徒中的一些人乘坐"五月花号"来到了美洲。在恶劣的自然条件下,勤劳勇敢的清教徒们开创出了崭新世界。这些清教徒们的思想,先入为主地制定了美国的社会秩序,独立、民主、理性、勤劳致富、不断进取、用于冒险等。不了解美国清教思想,就无法理解美国社会。——译者注

社会。他们早期的行动之一，就是在坎布里奇①建立了哈佛大学。剑桥以英国古代理想之母命名，这些清教徒中很多人受到的教养都来自剑桥大学。商业经营需要充满智慧的想象力，跟旧时主要注入其他行业中的那种充满智慧的想象力同一类型。而大学这种组织，为欧洲民族的进步提供了这种充满智慧的想象力。

在中世纪初期，大学的起源模糊不清，几乎不受人们注意。大学是处于一种渐进的、自然的成长中。大学的存在，使欧洲人在众多的领域里取得了持续而快速的进步。通过大学的推动作用，行动的探险与思想的探险有效结合在一起。大学这种组织，本来不可能事先预言会取得成功；即便是在今天，在所有人类事务的种种不完美之中，大学的工作是如何取得了成功也很难理解。当然，大学的工作中也有很多的失败，但是，如果我们用一种宽广的历史视野来看待，我们会发现，大学的成就始终是引人注目的，而且几乎始终如一。意大利、法国、德国、荷兰、苏格兰、英格兰以及美国的文化发展史，证明了大学的作用。说到文化历史，我并非主要考虑学者们的生活；我是指那些人的生活对文化的激活——他们给法国、德国和其他国家带来了的各种人类成就，加上他们追求生命的热情，这构成我们爱国精神的基础。如果一个社会能做到这些，我们愿意成为这个社会的一员。

有一个巨大的困难妨碍了人们从事更为高级的智力活动。在现代社会，这种困难甚至可能变成不幸。在任何一个庞大的机构中，年轻的职场新手必须遵照他人的吩咐去做固定的工作。没有哪个大公司，董事长会在自

---

① 坎布里奇（Cambridge），与剑桥同名。位于美国马萨诸塞州，紧邻波士顿市。该地除了哈佛大学之外，还有一所著名大学麻省理工学院。早期清教徒来到美国，在这里依据剑桥大学建立了哈佛大学。——译者注

己的办公室接见他手下最年轻的雇员,然后分派他去做公司里责任最大的工作。年轻人通常要按规定的程序去工作,他只会在进出办公大楼的时候,偶尔看见自己的董事长。这样的工作是一种重大的训导。它能传授知识,造就可信赖的品格。而且,它是适合初入职场的青年人的唯一的工作,就是为了完成这样的工作才雇佣他们。这种做法符合惯例,所以不会受到任何批评,但它却可能导致一种不幸的后果——长期程式化的工作使人的想象力变得迟钝。

这种做法导致,一个人刚踏入职场不久,他随后职业生涯阶段所必须的各种素质就被扼杀了。这只不过是更多普遍事实中的一个事例:只有通过培训才能获得必要的技术优势,而培训往往会损害那些指导专业技能的头脑的活力。这是教育中的至关重要的事实,也是教育中大部分困难之所以存在的原因。

脑力劳动的职业——如现代商业或者某些传统的需要专门知识的职业,大学教育为这类职业做准备时,应该起到促进学生对职业生涯的基本原则做出想象性思考的作用。这样,学生在进入专业技术学徒期时,他们通过把具体细节与一般原理相结合的练习具备了想象力。于是,这种固定的程序便具有了它的意义,也说明了那些赋予其意义的一般原理。因此,不再是盲目的经验法则下的沉闷苦役,取而代之的是受过合宜训练的人,他们有望通过详细的事实和必要的习惯的训导,获得想象力。

因此,大学的恰当的作用是用充满想象力的方式去掌握知识。除去想象力的重要性,没法解释商人以及专业人员得一点儿一点儿地掌握那些他们需要的、在特殊场合时要用到的事实。一所大学是充满想象力的,否则它便什么也不是——至少毫无用处。

三

想象力是一种传染病。它不能以码为单位来测量，也不能按磅为单位来称重，然后由学院教师分配给学生。它只能由那些本身就充满想象力地学习的学院教师去传递。说这些的时候，我只是在复述人们最古老的观察之一。两千多年前，先辈们用代代相传的火炬来象征学习。那个被点燃的火炬就是我说的想象力。组建一个大学的全部艺术就是成立一个这样的教师队伍，他们的学习被想象力照亮了。近期大学在学生数目和各项活动数量上的飞速增长，很值得我们骄傲，但是除非我们警惕，一旦我们错误地认识这个问题，就会因为我们没有处理好这个问题，而导致无法产生合适的结果。

想象力与学习的结合需要一些闲暇，自由而不被约束，不再焦虑烦恼，还需要各种体验，需要不同观点和不同才学的人的刺激，需要好奇心带来的兴奋，还要有自信——这个自信来自对周围社会在获得知识进步上所获成就的自豪。想象力不可以一劳永逸地获取，然后无期限地放在冰箱里，定量支取。学习和充满想象力的生活不是一篇商业文章，而是一种生活的方式。

要为一支能动性强的教师队伍提供这些条件，并促使他们利用这些条件，因此，教育和研究这两种功能在大学里交汇融合。你想让你的教师们富于想象力吗？那就鼓励他们去研究吧。你想让你的研究人员充满想象力吗？那就让他们去跟青年们形成智识上的共识，那些青年正处在一生最有热情和想象力的阶段，英才们恰好要开始他们成熟的训导。让你的研究员对那些活跃敏捷的大脑阐述自己的见解，塑造他们眼前的世界，也和他们眼前的世界在一起；让你的年轻学子们，通过与那些有天赋、有智识探险体验的人的交往，圆满度过他们在大学的智力获取时期。教育是生活的探险所做的训导。研究是智识的探险。大学应该成为青年们和老人们共同探险的家园。成功的教育，在知识处理上一定有某些新鲜之处，要么是它本身是新的，要么在新世界新时代有了某种新颖性的运用。保鲜知识还不如保鲜鱼类。你可以讨论旧知识，伴随着旧真理，但是你一定要以某种方式，让这些来到学生面前时，有着即刻的重要性，就像从大海里刚刚捞出来的一样，非常新鲜。

学者的作用就是唤起生活的智慧和美，假如没有学者那神奇的力量，智慧和美就会消失于过去的岁月。一个不断前进的社会所依靠的人包括三种：学者、发现者和发明者。社会的进步还取决于这样一个事实：社会里受过教育的大众都应该具备某种学识水平，以及某种发现和发明创造的能力。在这里，我所说的"发现"，是指在具有高度一般性真理方面的知识进步；我所说的"发明"，是指一般原理以特定方式应用于当前需要方面的知识进步。很显然，这三种人是融合在一起的。而且，就他们对社会进步所作的贡献而言，那些参与日常实际事务的人也可以称为发明者。但是，每一个人都有自己能力的局限，每一个人都有自己的特殊需要。对一个国家来说重要的是，各种进步因素之间应该存在极为密切的相互联系，以便研究可以影响市场，市场也可以影响研究。大学是融合各种进步活动，促使社会进步的主要机构。当然，大学并不是唯一能够促进社会进步的机构，但进步国家的大学教育都蓬勃发展，这是一个不争的事实。

但是，我们绝不能认为，只能通过发表署有作者姓名的论文和著作，才能衡量一所大学以创新思想产出的思想成果。人类生产精神产品的方式正如它的思想内容一样富于个性。某些思想极为丰富的人，他们似乎不可能用文字写作或以书面形式阐发自己创造性的思想。在任何一个教师群体中,你都会发现一些不发表论文专著的杰出教师。他们创造性的思想须要跟学生面对面,通过讲演或个别讨论的形式,在交流中得到阐发。这些人对人类的发展有过无限的影响力。然而,当他们的学生那一代人过世后,他们就与无数对人类有恩却未得到感谢的人们长眠在一起。幸运的是,他们之中有一位流芳百世,他就是苏格拉底。

因此,根据署名发表的作品来评价每一位大学教职员的价值,这是极其错误的,如今却出现了这种错误的倾向。主管部门的态度损害了效率,对无私的热情不公正,因此有必要强烈抗议。

一个好的测评教师群体一般效能的办法是,把全体教职员作为一个整体去衡量,在所有定额条件都被考虑之后,配额由他们出版发表作品的思想贡献来形成,而不是数量。

这项调查显示,一所大学教师队伍的管理不同于一个商业组织的管理。大学教师的公众意见,对大学目的的共同热忱,是大学工作做到最高水平的唯一有效的保证。大学教师队伍应该由一群学者组成,他们相互激励,自由决断各自的活动。一些形式上的要求,例如:要在规定时间开课,教员和学生必须准时出席,你可以确保这些,但是大学管理的核心在一切规章之外。

教师的公正问题与大学教师队伍管理几乎无关。雇佣一个人提供合法的服务,时间和薪水都合法的话,这就非常公正了。没有人必须接受岗位,除非他愿意。

唯一的问题是,什么样的条件会产生这个类型的教师群体,并由这个教师群体带动大学成功。危险在于,很容易产生由高效的书呆子和蠢人组成的完全不合格的教师群体。等一般大众发现优秀教师和不合格教师之间的差异时，已是大学阻碍青年人的发展前途多年以后了。

伟大民主国家的现代大学制度，如果由终极权威行使单一约束，想要成功就要记住，大学不能按照适用于熟悉的商业公司的规则和政策来处理。商学院也不能脱离大学生活的这个规律。许多美国大学的校长们近期在公开场合就这个问题都发表了意见，对此我确实没有什么可以补充的。但是，无论美国，或者是其他国家，公众之中实际起作用的那些人是否听取他们的建议犹未可知。在教育方面，一所大学的全部要义在于，让年轻人受惠于一批充满想象力的学者，智力发展上受到影响。经验证明，我们必须对产生这种学者的各种条件给予适当的注意。

四

欧洲两所主要的大学，从校龄和地位来说，是巴黎大学和牛津大学。我将讨论我自己的祖国的情况，因为我最了解。牛津大学可能在很多地方犯过错误，但是即便她有这些不足，她仍能够穿越悠悠岁月，保持了一个至高无上的优点，那就是：一个世纪又一个世纪，她培养了大量的、富有想象力地学习的学者。相比之下，那些细微的缺点简直微不足道。仅凭这一个优点，但凡热爱文化的人，在谈到牛津大学时无不怀着感情。

但是我的确没有必要跨越海洋来寻找我的例证。《独立宣言》的作者，杰斐逊先生①有资格被称为最伟大的美国人。他在各个方面所取得的成就，

———————————

① 杰斐逊（Thomas Jefferson，1743—1826）：美国开国元勋之一，美国第三任总统，《独立宣言》
  （*Declaration of Independence*）（1776）的主要起草人，创办了弗吉尼亚大学（University of
  Virginia）。——译者注

使他跻身于整个人类历史上为数不多的伟人之列。他创建了一所大学，并运用他复杂的天才的一个方面使这所大学能够激发想象力——优美的校舍建筑和优美的环境，以及对知识能力和组织机构的各种其他的激励。

　　在美国还有许多其他的大学可以说明我的观点，但我最后要说的例证是哈佛大学——清教徒运动①里具有代表性的大学。17世纪和18世纪，新英格兰的清教徒们是最富有想象力的人，他们克制外在的表达，对形体美的象征很恐惧。但是，事实上，他们仍然因为精神真理而饱受智力想象的折磨。那个世纪里，信奉清教的学院教师们事实上充满想象力，他们造就了世界闻名的伟人。其后的岁月里，清教变得柔和了一些，到了新英格兰文学的黄金时代，爱默生②、洛威尔③和朗费罗④为哈佛带来了深远的影响。现代科学时代慢慢出现，我们在威廉·詹姆斯⑤的身上，再度发现了那种充满想象力的学者的形象。

---

① 16世纪，在英格兰教会内部出现了"清教徒运动"，其本质是一场教会革新运动。之前《圣经》的诠释一直由罗马教廷主导。1524年，丁道尔把《圣经·新约》翻译成了英文，引起了人们对圣经更为深切的新理解。一批教徒怀着对教会清肃的志愿，以"虔诚、谦卑、严肃、诚实、勤勉和节俭"为主要的价值观。这时，玛丽女王继位，她主张恢复宗教传统，大肆杀戮清教徒，留下"血腥玛丽"的历史，大批清教徒被驱逐或者自己流亡去欧洲大陆。1620年，清教徒中的一些人乘坐"五月花号"来到了美洲。在恶劣的自然条件下，勤劳勇敢的清教徒们开创出了崭新世界。这些清教徒们的思想，先入为主地制定了美国的社会秩序，独立、民主、理性、勤劳致富、不断进取、勇于冒险等。不了解美国清教思想，就无法理解美国社会——译者注

② 爱默生（Ralph Waldo Emerson，1803—1882）：美国诗人、作家，美国超验主义（Transcendentalism）文学运动领导者，著有《论自然》（*Nature*）、《英国人的性格》（*English Traits*）等，演讲辞有《论美国的学者》（*The American Scholar*）等。——译者注

③ 洛威尔（James Russell Lowell 1819—1891），美国诗人、批评家、编辑、外交官，著有《比格罗诗稿》（*The Biglow Papers*）、《生命中的一年》（*A Year's life*）。——译者注

④ 朗费罗（Henry Wadsworth Longfellow，1807—1882），美国诗人、翻译家，著有《夜吟》（*Voices of the Night*）、《歌谣及其他》（*Ballads and Other Poems*）等。——译者注

⑤ 威廉·詹姆斯（William James，1842—1910），美国哲学家、心理学家，被誉为"美国心理学之父"，"实用主义"（pragmatism）倡导者。著有《心理学原理》（*Principles of Psychology*）、《彻底经验主义论文集》（*Essays in Radical Empiricism*）等。——译者注

今天,商业进入哈佛,大学要提供的礼物是那古老的想象力,是代代相传的被点燃的火炬。这是一个危险的礼物,能够引发灭顶火灾。如果我们害怕这种危险,那么关闭大学就是恰当的做法。想象力这个礼物,常常伴随着希腊、佛罗伦萨、威尼斯那种杰出的商业民族,伴随着荷兰的学术和英国的诗歌。商业与想象力共同茁壮成长。这份礼物,任何人都会为他的国家祈盼,他们盼望国家获得雅典那种不朽的伟大和崇高——

　　她①的公民,帝国的精神,

　　　　他们从过去而来,统治着现在。

美国教育的理想如果比这种理想更小就不合适了。

---

① "她"指雅典。——译者注

第八章　思想的组织

（1916 年在英国纽卡斯尔召开的英国促进学术
进步协会大会 A 分会上的会长演讲）

　　这次演讲的主题是思想的组织①，这个话题明显地能够处理成许多不同方式。我打算更详细地介绍逻辑科学范畴的内容，我的一些研究与之相关。我有点担心自己能否成功地做到，表明有机思想与一般科学活动所依据的某些考虑因素之间的关系。

　　科学发展进入到一个有机时代，这绝非偶然。有组织的思想是有组织的活动的基础。有机，是对不同元素作调整，使它们之间的相互关系可以呈现某种预先确定的性质。一篇史诗的写成是一次有机的胜利。在可以写成史诗的但未必能写出一篇好史诗的一系列事件中，它取得了胜利。它成功

---

① 思想的组织（the organisation of thought）：怀特海明确了自己所谈"思想的组织"属于逻辑科学范畴。——译者注

地把大量词语的声音、词语的联想、日常生活中发生的事件和感受的图像记忆组织起来，并结合了一种宏大事件的特殊叙述。这个有机组织起来的整体会激起人们的情感，就如弥尔顿所定义的，这些情感是朴素的、感觉的和激情的。成功的史诗数量与组织任务的明显难度成反比，或更准确地说，组织任务的明显难度与成功的史诗数量成反比。

科学是思想的组织，但那个史诗的例子提醒我们注意，科学并非任意的思想的组织。科学是某种特定类型的思想的组织，我们将努力来确定其类型。

科学是一条有两个来源的河流，即实践源头和理论源头。实践的源头是指导我们的行动以达到预定目标的欲望。例如，大不列颠民族为正义而战，他们转向了科学，科学教给他们氮化合物的重要性。理论源头是对理解的欲望。现在我要强调理论在科学中的重要性。但为了避免误解，我必须申明：我不认为一个来源在任何意义上比另一个更高贵，或本质上更有趣。我不明白，为什么努力去理解比正确地安排自己的行为更高尚[①]。它们都有自己坏的一面。有被邪恶目标指引的行动，也有不光彩的好奇心驱使的理解。

科学理论方面的重要性，恰恰是在实践中，由于那些发生于非常复杂的境况下必须立即采取行动的事实而呈现出来。如果我们在开始整理观念之前等待行动的必需品，在和平时期，我们将失去贸易；而在战争中，我们将失去胜利。实践的成功依赖理论家，由于其他探究的引领，他曾经到过那里，

---

① 强调理解似乎是一种思想传统。"三思而后行"，逻辑就是想得清楚了再去做就会导致行动的正确性。这种对理解的过分强调或许会导致花在行动上的时间和力量不足。所以也要强调行动，而且有的时候必须立即采取行动，在那种情况下正确安排行动也是非常高尚的。——译者注

通过某种很好的机会偶然发现了相应观念的应用。我所说的理论家不是指一个在云端的人，而是一个这样的人，他的思想动机是：根据发生的事件，渴望规划正确的规则。一个成功的理论家应该对即时事件感兴趣，否则他就不太可能过分正确地规划任何有关它们的一切。当然，科学的两种源头存在于所有人身上。

我们称之为科学的思想组织是什么？现代科学的第一个方面是它的归纳，归纳逻辑的规则已经被一系列的思考者考虑过了，特别是英国的思考者：培根、赫歇尔①、J·S·密尔②、文恩③、杰文斯④和其他人。我不打算深入分析归纳法的过程。归纳是机器而不是产品，而我想要考虑的是产品。当我们了解产品时，我们改进机器才会处于更强有力的地位。

首先，有一点必须强调。在分析科学过程时，有一种倾向，即假定一组特定的概念可以适用于自然，并设想自然规律的发现在于：通过归纳逻辑，在可能存在于自然界事物之间的替代关系中，选中一个以回答这些目标。在某种意义上，这个假设是相当正确的，特别是在科学的早期阶段。人类发现自己拥有一些尊重自然的概念，例如，相当永久的物质实体的概念，并开始确定在自然中相应知觉的有关法则。但是，法则的制定却改变了这些概念，有时是通过增加精确性而温和地改变，有时是剧烈地改变。起初，这个过程不太令人注意，至少被人认为是一个约束在狭隘的界限之内的过程，不

---

① 赫歇尔（Friedrich William Herschel，1738—1822）：18 世纪最有影响力的天文学家之一。出生在德国汉诺威，后移居英国。——译者注
② J·S·密尔（John Stuart Mill，1806—1873）：英国著名哲学家和经济学家，在 19 世纪很有影响力。——译者注
③ 文恩（John Venn，1834—1923）：英国数学家、逻辑学家。——译者注
④ 杰文斯：英国经济学家、统计学家和逻辑学家，边际效应学派创始人之一，数理经济学派早期代表之一。——译者注

触及基本的观念。在我们现在所处的阶段，拟定概念，被我们视为和拟定经验法则一样重要。那些经验法则把宇宙中的事件按照我们设想的那样关联起来。这些拟定的概念，包括生命、遗传、物质体、分子、原子、电子、能量、空间、时间、数量和数字诸概念。在获得清晰观念的最好的方式上，我并非独断地主张。当然，只有那些致力于对相关事实进行专门研究的人才能做到这一点。成功从来不是绝对的，朝着正确的方向的前进是一个缓慢、渐进的过程，是不断地将观念与事实进行比较的结果。成功的准则是，我们应该能够拟定经验法则，也就是说，陈述关系，按照我们的设想把宇宙的各个部分联系起来。法则有这样的属性，我们可以将生活中的实际事件解释成一个相互关联的整体的零碎知识。

但是，从科学的目的来看，现实世界是什么？科学是否需要等待形而上学辩论的结束之后，才能够确定自己的主题？我认为科学有一个更平凡的起跑场地。它的任务是发现存在于构成我们生活体验的感知、感觉和情感的流变的关系。由视觉、听觉、味觉、嗅觉、触觉和更早期的理智的感觉，这些所产生的全景是行动的唯一领域。科学就是把经验用这种方式组织起来的有机思想。实际经验领域里最明显的方面就是其无序性特征。对于每个人来说，它是一个连续统一体，支离破碎，有着不能清晰区分的元素。对不同的人进行理智经验的比较，本身就困难。我坚持认为，科学始于实际体验的领域，这个领域的特征就是凌乱、失当。在建构科学哲学时，掌握这个基本真理是智慧的第一步。事实由科学塑形，却被语言的影响所掩盖，强加给我们精确的概念，好像它们才代表体验的即刻交付[①]。其结果是，我们想象

---

① 我们体验的明明是科学，但是最后却需要表述为精确的语言，好像那些语言才是体验所得。必须借用语言来表达，这成为一种限制。——译者注

我们直接体验了一个世界，一个与被完美定义的物体密切关联的世界。正如我们所知道的那样，在一个空间中，我们的感觉是由精确的点形成，那些点不能分成部分也没有量级值。科学思想的目标就是整洁、整齐、有条理、精确的世界。

我的论点是，这个世界是一个观念的世界，其内在关系是抽象概念之间的关系。科学哲学的基本问题是阐明这个世界与现实经验感受之间的精确关系。我请你们考虑这个问题：精确的思想如何适用于支离破碎、模糊不清的连续经验？我不是说它不适用，恰恰相反我想知道它是如何应用的。我要的解答不是一个的措辞，无论这个措辞多么才华横溢。我要的解答是一门可靠的科学分支，以缓慢的耐心构建而成，详细地展示这种对应是如何产生的。

思想的组织那伟大的第一步，完全源于科学活动的实践来源，没有混入任何的理论的搏动。它们的缓慢实现是普通理性人类得以逐渐进化的原因和结果。我的意思是，形成有关物质客体①、限定的时间流变②、同时性③、重现性④、相对位置⑤和类似的基础观念的概念。我们的经验之流，按照这些概念，在内心世界被排列为方便的参考系。事实上这些概念是我们常识思维所用的整套设备。在你的头脑中考虑某一把明确的椅子吧。这把椅子的概念仅仅是与这把椅子相关的所有相关经验的概念，也就是制造它的人的

---

① 物质客体(material objects)，似乎也可以译成物质对象、物质物体。但是 object 通常按照客体来翻译。——译者注
② 限定的时间流变，the determinate lapse of time。——译者注
③ 同时性，simultaneity。——译者注
④ 重现性，recurrence。——译者注
⑤ 确定的相对位置，definite relative position。——译者注

经验的概念。出售它的人，见过或使用过它的人，现在正经历着一种舒适的支撑感的人，加上我们对类似未来的预判，当椅子倒塌并成为柴火时，最终被一系列不同的体验所终止。这类概念的形成是一项巨大的工作，动物学家和地质学家告诉我们，这需要数千万年的时间。对此我完全相信。

我现在强调两点。首先，科学植根于被我叫做常识思维的整体装置①的东西。常识思维的整体装置，就是那个由此开端、由此重现的基准②。如果愿意，我们可以做出猜测：其他星球上的其他存在，它们根据完全不同的概念代码来安排了类似的经验，也就是说，它们在各种体验中把它们的注意力主要集中在不同关系上。但这项任务过于复杂、过于巨大，主要的梗概并未被改变。你可以对常识润色，你可能在细节上与常识抵触，你可能会对常识感到惊讶。但最终你的全部任务就是满足常识。

第二，无论常识还是科学，如果在某一方面脱离了经验中所谓实际的严格思考，都不能继续完成思想组织的任务。再想一下那把椅子，在"椅子"概念所依据的经验中，我包括了对其未来历史的预期。我应该更进一步，把对椅子所有可能的经验的想象也包括进来。在日常语言中，我们把这种想象成为可能会发生的对那把椅子的知觉③。我有一个很难的疑问，我还没想出解答的方式。但是现在，在空间理论和时间理论的建构中，如果我们拒绝承认理念的经验④，似乎就有不能克服的困难。

我们的生活中，这种想象性的经验知觉似乎是基本的。它们被人想到时，会跟我们的实际经验结合起来。这种知觉既不是完全任意的，也不是完

---

① 常识思维的整体装置，whole apparatus of common sense thought。——译者注
② 原文为：That is the *datum* from which it starts, and to which it must recur.——译者注
③ 知觉（perception），也有的地方译为感知。——译者注
④ 理念的经验，Ideal experience。——译者注

全被决定的。它是一个模糊的背景,在独立思想活动中只是部分地被明确了。例如,想想我们对从未见过的巴西花神的看法①。

理念的经验,紧密地关联着我们对其他人的实际经验的想象性再现。理念的经验,也跟我们在接受超越我们自身之外的复杂现实的印象时,那几乎不可避免的自我概念有关。对每一种来源和每一种类型的经验进行充分的分析,或许就可以证明这种现实及其性质。事实上,这一点毋庸置疑。对这个问题的精确阐释是形而上学的问题。我在这次演讲中力持的一个观点是,科学的基础不依赖于任何一种形而上学结论的假定,科学和形而上学两者都始于相同的直接经验的地基,并且在主要进程中以相反方向完成它们不同的任务。

例如,形而上学查究我们对那把椅子的知觉怎样把我们与某种真实实在关联起来。科学则把这些知觉收集起来作为一个确定的种类,并在它之上增加我们在特定环境下获得的、相似类型的那种理念中的知觉。这套知觉的单一概念就是科学所需的全部。

我当下的问题是探究科学的本性。科学本质上是逻辑的。其概念间的联系是逻辑上的联系,其详细断言的根据是逻辑的根据。国王詹姆斯②说:"没有主教,就没有国王。"我们可以非常自信地说:"没有逻辑,就没有科学。"对承认这个真理,大多数科学人士会感到本能般的厌恶。我认为其中的原因是,在过去的三四个世纪,逻辑理论贫瘠无果。我们可以把这种失败归因为人们对权威的崇拜,在文艺复兴时期,权威在学术界的某些方面有所

---

① 巴西花神(flora of Brazil)是人们从未见过的,这个概念需要我们的想象性经验知觉。——译者注

② 詹姆斯国王(King James),詹姆斯一世,1640 年以国王的名义,出版英语版钦定的《圣经》。——译者注

增加。然后人类改变了它的权威,这个事实暂时起到了解放的作用。但最主要的事实是,我们在现代运动一开始就发现人们对文艺复兴的抱怨①,那就是,文艺复兴时期的学者们对古典作家所作的任何声明都毕恭毕敬,学者们成了真理的注释者,而这些真理太脆弱以至于经不起转译。一门科学如果在忘却创立者上犹疑不定,它就迷失了。我把这种犹疑不定归因于逻辑的匮乏。人们不信任逻辑理论和数学的另一个原因是,人们相信演绎推理不能给你任何新的东西。你的结论包含在你的前提中,这是你已知的假设。

首先,人们对逻辑的最后的谴责,忽略了人类知识的支离破碎、不连贯的特点。对星期三的你来说,在星期一知道一个前提,星期二知道另一个前提,徒劳无益。科学是前提、推论和结论的永久性记录,通过与事实的一致性的路线来验证一切。其次,我们知道前提的时候未必知道结论。例如,在算术方面,人类不是计算着的孩子们。② 任何理论,只要证明他们熟悉假设的后果,都是错误的。我们能够想象出拥有这种洞察力的存在者,但我们不是这种造物。我认为,这两个答案都是真实的和相关的。但它们并不令人满意。它们本性上太过外铄,太外在。我们想对这个问题所暗示的真正困难作些更详细的解释。事实上,真正的答案嵌入在我们关于逻辑与自然科学关系的主要问题的讨论中。

有必要大致勾勒出现代逻辑的一些相关特征。在这样做时,我将尽量避免深入的一般性讨论和细微的技术分类,它们占据了传统逻辑的主要部

---

① E. g. in 1551 by Italian schoolmen; cf. Scarpi's History of the Council of Trent, under that date. 译为:参见在 1551 年由意大利学者斯卡皮的《特兰托公会的历史》,在那一天。——作者注

② 原文为:In arithmetic, for example, mankind are not calculating boys. ——译者注

分。早期科学的特征是，既雄心勃勃地怀着远大目的，也有琐碎的细节处理。在这样一种阶段，逻辑已经僵化。

我们可以分辨出逻辑理论的四个部分。通过一个不那么遥远的类比，我将这些部分或部门称为算术部分、代数部分、一般函数理论部分和分析部分。我的意思不是说算术出现在第一部分，代数出现在第二部分，以此类推。而是这些名称暗示了每一部分思想的某些特质，这些特质让人想起在算术中、在代数中、在数学函数的一般理论中，以及在数学上分析特定函数中相似的特质。

第一个部分，也就是算术阶段，处理确定命题之间的关系，就像算术处理确定的数字那样。考虑任意一个明确的命题，称之为"p"。我们设定总有另一个命题是与"p"直接矛盾的，称之为"not-p"。当我们有两个命题，p和q时，我们可以从它们和它们的矛盾中形成衍生命题。我们可以说，"p或q中最终会有一个命题是真的，或许两个都是真的"，我们把这个命题称为"p or q"。我可以顺便提一句，一位在世的最伟大的哲学家[1]说过，词"or"的这种用法，也就是"p or q"的命题，在二选一(either)的意义上可能是真实的，在两者都是(both)的意义上也可以是真实的，使他对准确的表达感到绝望。我们无法理解他的愤怒，但是我们必须勇敢地面对他的愤怒。

因此，我们得到了四个新的命题，即，"p or q"、"not-p or q"、"p or not-q"和"not-p or not-q"。我们称这些命题为一组衍生的选言命题[2]。到现在

---

[1] 这位哲学家是谁？这尚且是一个未解之谜，参考信息有：1. 在世；2. 伟大的哲学家。译者本人倾向于推测是罗素，但未得到确认。——译者注

[2] 选言命题(disjunctive derivatives)，或称为析取命题。反映事物的若干情况中至少有一种存在的命题。有相容选言命题和不相容选言命题。相容选言命题是弱析取命题，不相容选言命题又称为强析取命题。——译者注

为止,总共有八个命题:p、not-p、q、not-q 和四个衍生的选言命题。这八个命题中任何一对都可能被采纳,并在前面的处理中代替 p 和 q。因此,每一对都会产生八个命题,其中一些命题可能是以前得到的。以这种方式继续进行下去,我们得到了一组愈加复杂的命题,但它们根本上起源于这两个原始的命题 p 和 q。当然,只有少数几个命题是重要的。同样地,我们能够从三个命题 p、q、r 开始,或从四个命题 p、q、r、s 开始,等等。这些集合中的任何一个命题都可能是真的或是假的。它别无选择。无论它是真的或假的,都称之为该命题的"真值"[①]。

逻辑探究的第一部分是,当我们知道其中一些命题的真值时,就去解决我们所知道的这些命题的真值。就探究的价值而言,这种探究并不十分深奥。表达调查结果的最佳方式,是一个我现在还不想考虑的细节。这个探究形成了算术阶段。

逻辑的下一部分是代数阶段。算术和代数的区别是:在算术中,考虑的是确切的数字;在代数符号中,即引入代表任何数字的字母。数字的概念也被扩大了。这些字母代表着任何数字,有时称为变量,有时称为参数。它们的本质特征是不确定,除非它们所满足的代数条件无疑地确定了它们。它们有时被称为未知数。带字母的代数公式是空白形式。当用确定的数字代入字母时,它就成为确定的算术语句。代数的重要性在于其对形式研究的贡献。现在,我们考虑下面的命题——

汞的特殊比热是 0.033。

---

① 真值(truth-value)即真实值,在一定条件下,被测量客观存在的实际值。真值通常是一个未知量,一般说的真值是指理论真值(绝对真值)、规定真值、相对真值。真值是一个理想化的概念,从量子效应和测不准原理来看,真值按其本性是不能被最终确定的。——译者注

这是一个确定的命题,在某种限定下,它是真的。但这个命题的真值跟我们没有直接关系。我们仅用一个字母来代替汞,以字母作为某种未确定物的名称,我们可得——

x 的特殊比热是 0.033。

这不是一个命题,它已被罗素称为命题函数。命题函数是对一个代数表达的逻辑类推。让我们写下 $f(x)$ 来代表任何一个命题函数。

我们甚至还能进一步进行概括,说:

x 的特殊比热是 y。

这样我们就得到了另一个命题函数 $F(x, y)$,有两个自变量 x 和 y,等许多诸如此类的参数。

现在,考虑一下 $f(x)$。x 存在着取值范围,在此范围内 $f(x)$ 是一个命题,真的或假的。在这个范围之外对 x 取值,$f(x)$ 根本不是一个命题,无论真的或假的。它也许对我们有一些模糊的暗示,但它没有一个明确肯定的意义。例如,

水的特殊比热是 0.033。

这是一个假的命题;并且——

美德的特殊比热是 0.033。

我应该想到,这根本不是一个命题。尽管它的组成部分在我们头脑中建立了各种联系,它既非真命题也非假的命题。在使 $f(x)$ 具有意义的范围内的取值,被称为自变量 x 的参数"类型"(type)。

但 x 还有一个取值范围,其中 $f(x)$ 是一个真命题。这是满足 $f(x)$ 的自变量的那些值的集(class)。这个集可能一个成员都没有,或者处在另一种极端,自变量的整个类型都是这个集合的成员。

　　于是，我们设想两个一般命题，它们涉及享有同样逻辑形式的不定数目的命题。更确切地说，这些命题是同一个命题函数的各种值。其中一个命题是，

　　取值范围内 x 取每一个值，$f(x)$ 都会产生一个真命题。

　　另一个命题则是，

　　x 取某一个值时，$f(x)$ 是一个真命题。

　　给定两个（或更多）命题函数 $f(x)$ 和 $\varphi(x)$。它们具有相同的自变量 x，我们便形成导出函数，即

　　$f(x)$ or $\varphi(x)$，$f(x)$ or not-$\varphi(x)$

等等，带着矛盾如此这般继续下去，就像在算术阶段一样，一个无终止的命题函数的聚集体。同样，每个命题函数也产生两个一般命题。从任何这样的命题函数的集合中都会产生一般命题，产生这些一般命题的真值之间的相互联系。真值之间的相互联系理论形成了数学逻辑中简单而优雅的一章。

　　在逻辑的代数部分，类型的理论出现了，如我们已经提到的那样。它不可以仅仅因为介绍上的错误而被我们忽略。类型理论至少需要通过某个可靠的假设被确定下来，即使它还没有抵达问题的哲学根基。尽管罗素卓越的工作已经开启这门学科，但是逻辑学科的这个部分是晦涩而困难的，还没有最终被阐明。

　　对现代逻辑的最终推动来自于由弗雷格[①]和皮亚诺[②]各自独立发现的

_____

① 弗雷格（Gottlob Friedrich Ludwig Frege, 1848—1925）：德国数学家，现代数理逻辑的创始人，也是分析哲学的奠基人。——译者注
② 皮亚诺（Peano Giuseppe, 1858—1932）：意大利数学家，符号逻辑学的奠基人。他致力于发展布尔所创始的符号逻辑系统。——译者注

逻辑变量的重要性。弗雷格比皮亚诺走得更远，但用了一种不幸的符号论使他的工作显得如此晦涩，没有人能完全理解他的意思，因为他本人没有发现这一点。但这项运动具有很长的历史，可以追溯到莱布尼茨①，甚至可以追溯到亚里士多德。其中，卓有贡献的英国人是德·摩根②、布尔③和艾尔弗雷德·肯普爵士④，他们的功绩是一流的。

第三个逻辑部分是一般函数理论的阶段。在逻辑语言中，我们在这一阶段进行了从内涵到外延的转换，并考察了外延理论。取命题函数 $f(x)$，有一个集合，其成员满足 $f(x)$，或者说是 x 的取值范围。但这个取值范围的成员也可以是满足另一个命题函数 $\varphi(x)$ 的集。这个情况下，我们有必要研究如何表示这个集，用一种与它的任何成员所满足的各种命题函数无关的方式，这个集得是唯一的表示⑤。我们必须要做的是分析关于一个集的命题性质，即，那些命题，它们的真值取决于这个集本身，而不是取决于集所指示的特定意义⑥。

此外，还有一些命题是关于所谓个体的，这些个体通过描述性词语来表

---

① 莱布尼茨(Gottfried Wilhelm von Leibniz, 1646—1716)：17、18 世纪之交德国最重要的数学家、物理学家和哲学家，一个举世罕见的科学天才，和牛顿同为微积分的创建人。——译者注

② 德·摩根(De Morgan, 1806—1871)：英国数学家、逻辑学家。他的主要贡献在数理逻辑和代数学方面。在数理逻辑中，他与布尔等人继莱布尼茨之后，为使数学完全符号化。——译者注

③ 布尔(George Boole, 1815—1864)，19 世纪英国最重要的数学家之一。布尔最大的贡献是创立了逻辑代数，给 19 世纪数学带来新的转机，并成为后来计算机理论的基础。——译者注

④ 艾尔弗雷德·肯普爵士(Sir Alfred Kempe)，生平不详，欠奉，欢迎了解的读者朋友反馈。——译者注

⑤ 当一个取值范围，既符合函数 $f(x)$，又符合函数 $\varphi(x)$ 的时候，我们描述符合函数 $f(x)$ 的取值范围时所用的集就要避免让人产生误解，让人们不要因为取值范围相同而混淆两个函数。因此这种集都是有且只有一个。——译者注

⑥ 一个集的取值应该跟命题的特定意义有关，命题意义和命题取值之间应该有密切关系。当一个集的真值仅跟集本身有关，而跟命题的特定意义无关，这个集就需要被分析，看看这个集的命题性质到底是什么。——译者注

明。例如，关于"现在的英国国王"，他确实存在；和"现在的巴西皇帝"，他并不存在。这些命题，更复杂了，但是也更类似。涉及一个自变量的函数牵涉到集；涉及两个自变量的命题函数也是类似的问题，但是更复杂，牵涉到"相关"的概念；相似的，三个自变量的命题函数产生三角相关，等等。这一逻辑部分是罗素一个人完成，通过始终保持做基础性的工作，罗素作出了独特贡献。我把这称为函数理论的一部分，因为它的思想对于逻辑表示函数的构造是必不可少的。用逻辑表示函数的构造，包括普通的数学函数作为特例，如正弦函数、对数函数等。如果我们要达到第四阶段，在这三个阶段中的每一个阶段，我们必须逐渐引入适当的符号象征。

　　第四个逻辑部分是分析阶段，主要研究特殊逻辑结构的性质。确切地说，是研究集和特殊种类的集的关联。整个数学都包括在这里。所以这个部分非常庞大。事实上，这不多也不少正是数学。但它包括对数学观念的分析，迄今为止这种分析还没有包括在这门科学的范围内，甚至根本没有人考虑到这一点。这一阶段的精义在于，通过适当的构造，阐述了由数字、数量、时间、空间等理论构成的应用数学的大框架。

　　即使在简要的概述中，我们也不可能解释，如何从集的概念和相关的概念中，包括在第三部分中确立的许多相互关联中，将数学发展出来。我只能提到这个过程的标题："数学原理"，这个工作由罗素先生和本人充分发展而来。在这一发展过程中，有七种特殊的相互关系，每种都具有特定的意义。第一种包括一对多、多对一、一对一的相关性。第二种包括连续的关系，即某个域的成员按连续的相关性来顺序排列，使得在以关系定义的意义上，该域的任何一个成员在其他成员前或后。第三种包括归纳关系，即数学归纳理论所依赖的相互关系。第四种包括选择关系，这是算术运算的一般理论和其他地方所要求的关系。正是由于这种选择关系，才产生了著名的乘法公理。第五种是向量关系，从中产生了数量的理论。第六种是比率关系，它把数字和数量联系起来。第七种是几何中出现的三角关系和四角关系。

直白列举如上面所述的技术名称，并不是很有启发性。尽管这可能有助于理解学科的界限。请记住，这些名字是技术性的，毫无疑问是富于暗示性的，但在严格定义的意义上使用。我们遭受了许多批评者的非议，他们认为，只要对这些术语字典的含义有一点儿了解，就足以批评我们的程序。例如，一对一的关联，依赖于只有一个成员的集的概念。而且，我们定义这个概念时，不需要诉诸数字 1。所有人想要多样性的概念。因此，当集 α 只有一个成员，

如果（1）命题函数 x 不是 α 的一个值，

满足这个命题函数，x 取值的集就不是 x 的相应值的整个类型。

如果（2）命题函数，x 和 y 是 α 的值，且 x 不等于 y，

这个命题函数就是错误的，无论在那个相应类型中的 x 和 y 的取值是什么。

对于较高的有限基数成员[1]，类似的程序显然是可能的。因此，一步一步地，当前数学观念的整个循环都能够进行逻辑定义。这个过程是详细而费力的，而且，就像所有的科学一样，对由轻率话语组成的捷径一无所知。首先，这个过程的本质是，根据命题的形式来构造概念，或者说，以相关命题函数的形式来构造概念；其次，通过参考逻辑代数部分得到的结果，证明关于概念的基本真理。

---

[1] 有限基数（finite cardinal members）：有限集的基数，是一种常见的基数。自然数都是有限基数。——译者注

我们可以看到,在这个过程中,特殊的不可确定的数学概念,还有关于数字、数量和空间的特殊的先验数学前提,这一切已经统统消失了。数学仅仅是一种分析推论的工具,只要这些推论取决于命题的形式,推论就可以从任何特定的前提中得出,由常识提供,或者通过更精确的科学观察得出。某些形式的命题在思想中不断出现。我们现有的数学是对与这些跟形式有关的推论的分析。无论是从实际效用还是从理论意义上来说,在某种程度上,这些推论都是重要的。在这里,我说的是实际存在的科学。数学的理论定义必须包括其范围内的所有推论,那些仅仅取决于命题形式的推论。但是,当然没有人愿意发展数学中没什么重要性的部分。

对逻辑观念的匆促总结,启示了一些反思。问题来了,有多少种形式的命题?答案是,无穷无尽。由此可以看出,逻辑科学被认为是贫乏无果的原因。亚里士多德通过构想一个命题的形式的概念,并通过在形式的基础上发生的推论,从而创立了这门科学。但他把命题局限于四种形式,现在我们把它们叫作 A、I、E、O。只要逻辑学家被这种不幸的限制所困扰,就不可能有真正的进步。再有,在形式论中,亚里士多德和后来的逻辑学家的理论,都非常接近逻辑变量理论。但是,正如科学史告诉我们的那样,去接近一个真正的理论,与掌握一个真正理论的精确应用,是完全不同的两码事。所有重要的事情,都是由那些没有发现它的某人在此前说出来的。

还有,逻辑推理不明显的一个原因是,逻辑形式不是一个通常进入人们思考的主题。常识推论很可能是凭借盲目的本能进行的,通过从具体命题到具体命题的那种演绎,它受某种观念的习惯性联想所指导。因此,在大量的材料面前,常识是行不通的。

一个更重要的问题是,基于观察的归纳法与演绎逻辑的关系。归纳法和演绎法的追随者之间有一种对立的传统。在我看来,这就像是一条虫子的两头在彼此争吵。对于任何值得拥有的知识,观察和演绎都是必要的。如果不借助于命题函数,我们就无法得出归纳法。例如,以观察到的事实为例:

这个物体是汞,它的特殊比热是 0.033。

形成的命题函数则是,

要么 x 不是汞,要么它的特殊比热是 0.033[①]。

归纳法是对一般命题真理性的假设,即假设上述命题函数对相关类型中,x 的每一个值都是真的。

但有人反对说,这一过程及其后果是如此简单,以致一门精心设计的科学已经过时了。同样地,一个英国水手在海上航行时,他就会知道海水含盐。那么,对海水进行精细的化学分析有什么用处呢? 有一个普遍的答案:对于你一直使用的方法,你知道的可能并不太多;还有一个专业的答案:逻辑形式和逻辑含义并不那么简单,整个数学就是这个效应的证据。

逻辑方法研究的一个重大用处,不在于详尽推演的领域,而是指导我们研究科学主要概念的形成。考虑一下几何学,例如,组成空间的那些点是什么? 欧几里得告诉我们,这些点不可分割和没有量级。但是,点的概念,是如何从作为科学起点的那些感官知觉里导出的呢? 当然,这些点肯定不是由感觉直接导出的。到处都是暗示我们点的概念的东西,我们可能会看到或不愉快地感觉到。但这是一种少有的现象,当然也不能确保由点组成的空间概念。我们在空间性质方面的知识并不基于点之间关系

[①] 原文为:Either x is not mercury, or its specific heat is 0.033. 译成中文之后,意思表达得有点不明朗。更干脆一点的说法是:除非 x 不是汞,否则它的比热就是 0.033。——译者注

的观察，它来自物体之间关系的经验。物体之间有这样一种基本的空间关系，一个物体可能是另一个物体的一部分。我们尝试来定义"整体和部分"的关系，被部分占据的那些点是被整体占据的那些点中的一部分。但"整体和部分"概念要比"点"的概念更加基本，所以这种定义其实是恶性的死循环。

因此，我们要问，是否可以给出某种其他"空间上的整体和部分"的定义？我认为可以这么做。如果我弄错了，对于我的一般的论证也没有根本性的影响。我们得出了这样的结论：一个广延的物体，不过是由所有的知觉者对它的知觉的集合而已，无论实际的知觉者还是观念的知觉者。当然，它是某一确定种类知觉的集合，而不是任意知觉的集合。那什么是确定种类知觉，我还没有明确定义，除非我用恶意的方法说它们是对事物的感知①。现在，一个物体的某一部分的知觉，是组成这整个物体的知觉的一个部分。于是，两个物体 a 和 b，就是两个知觉的集合。当 b 的集合被包含在 a 的集合中时，b 就是 a 的一部分。按这个定义的逻辑形式可以得出，如果 b 是 a 的一部分，而 c 是 b 的一部分，那么 c 是 a 的一部分。因此，"整体到部分"的关系是可传递的。再有，允许一个物体是它自身的一部分，这是很方便的。这只不过是你如何定义的问题。怀着这种理解，关系就是反身的关系。最后，如果 a 是 b 的一部分，而 b 也是 a 的一部分，那么 a 和 b 必须相同。这些"整体和部分"的性质不是新鲜的假设，它们遵循我们定义的逻辑形式。

如果我们假设空间在理念上的无限可分割，那么我们不得不做出一个

---

① 这样的解释，相当于用知觉的概念来解释确定种类知觉，语义重复而不突出重点。——译者注

假定，即，我们假定：每一种知觉集合都是一个广延物体，包含其他知觉集合。其中，被包含的知觉集合也是广延物体，且跟包含它的知觉集合不同①。这个假定几乎可说是理念的感知理论的大体草案。除非你以某种形式来制定几何学，否则几何学将不复存在。我阐述的假设并非我独有的。

然后，就可以来定义我们所说的点。一个点就是广延物体的一个集合。广延物体，用日常语言来说，就是包含了这个点的那些物体。如果没有预先假定点的观念，这个定义会是相当复杂的，而我现在没有时间陈述它。

把点引入几何学，好处在于它们之间逻辑关系的表达很简单。对于科学而言，定义的简单并不重要，但是相互关系的简单是必要的根本。这条法则还有一个实例：物理学家和化学家把一个简单的概念，比如说连小孩儿都能懂的"一把椅子"，分解成一个令人困惑的概念——分子、原子、电子和光波的复杂舞蹈。因此，他们得到了逻辑关系更简单的概念。

由此设想的空间是常识经验世界的外现空间性质的精确构想。它不一定是物理学家设想空间的最佳方式。一个基本的必要条件是：空间中的常识世界和物理学家的世界之间的对应关系，应该是确定的和相互的。

现在，我不再阐述与自然科学相联系的逻辑功能。我试图把它作为组织原则来展示，分析那些从直接现象衍生出来的概念，审查那些被假定为自然规律的一般命题的结构，在相互影响的方面建立彼此的关系，推断在给定环境下我们可以预期的现象。

逻辑，如果被恰当地使用，并不会给思想上锁。它给我们自由，最重要

---

① 原文为：Every class of perceptions which is an extended body contains other classes of perceptions which are extended bodies diverse from itself. 译成中文有点绕，译者做一个简单的说明，如果我们说 A 包含 B，那么 B 一定也有自己的很生动复杂的内在意义，而且 B 跟 A 一定是不一样的两个事物，否则我们没法说 A 包含 B。——译者注

的是,给我们魄力。不合逻辑的思想在得出结论时犹豫不决,因为它从不知道自己指的是什么,也不知道自己能假定什么,或能在多大程度上信任自己的假定,以及对假定作出任何修改会带来什么后果。那些未经训练的大脑,在与手头主题相关的建构性逻辑中,会对从各种假设出发的结论一无所知。在预测归纳法则时,也会相应地迟钝。在这种相关逻辑中的基本训练,毫无疑问是以积极的心态去思考案例中的已知事实,直接观察。但是,在有可能进行精细推论的地方,这种精神活动就需要对抽象的逻辑关系进行充分的研究。这就是应用数学。

在科学的形成中,没有观察的逻辑,或没有逻辑的观察,两者都寸步难行。我们不妨把人性设想成在青年和老年之间的一场厮杀。青春不由年龄来定义,而是用要成就某事的创造性冲动来定义。那些在一切事情面前希望不犯一点儿错误的人,是上了年纪的人。逻辑是从老年人手里传递给年轻人的橄榄枝,这嫩枝在年轻人手里具有创造科学的魔法般的属性。

第九章　对一些科学观念的剖析

❦

（1917年，作为一章首次出版于《教育与科学理性的功能》）

❦

一、事　　实

物理科学的特征是无视一切价值判断，例如，审美的判断或道德的判断。它纯粹是关于事实问题的判断，并且它的意义我们必须用那句著名的成语来解释："人，自然的仆人和臣子。"①

这样，剩下的思想领域对于物理学来说，仍然还是太宽了。它包括

---

① 原文为：Man, the servant and interpreter of nature . 未知出处，但由行文可判定，这是一句很通行的语句。利哈伊大学（Lehigh university，也有译为里海大学）校训：Man, the servant and interpreter of nature. 与此句意思相同。——译者注

本体论①，即确定真实存在者的本性；或者说，包括形而上学②。从一种抽象的观点来看，把形而上学的探究排除在外是一种缺憾。形而上学的探究是对科学价值的必要批判，它告诉我们科学全都到来将是什么。谨慎地把形而上学从科学思想中分离开的理由纯粹基于实践。更确切地说，因为在适当的争论之后，我们关于科学能够达成一致；然而，迄今为止关于形而上学的辩论，分歧在日益加剧。在文明思想的早期，科学与形而上学的这些特征是无法预料的。希腊人认为，形而上学比物理学更容易，他们倾向于从事物本性的先天③概念中推论科学的原理。因为他们生动的自然主义，和他们对第一手知觉的喜爱，这种极其有害的倾向得到了抑制。中世纪的欧洲，未加抑制地分享了这种倾向。在本体论问题上，可能有些远古时代会得出一致同意的结论；而科学的进步可能导致对立的思想脉络日益根深蒂固，既不能调和也不能止息。在这样的时代里，形而上学和物理科学互换了角色。我们发现了这种情况，要处理好这种角色互换。

但仍有一个问题。在没有预先确定什么是真实存在的情况下，人类如何对科学取得一致意见？我们必须在对事实的分析中找到这个答案，而科

---

① 本体论（Ontology）是探究世界的本原或基质的社会学理论，该词是由 17 世纪的德国经院学者郭克兰纽（Goclenius，1547—1628）首先使用的。此词由 ont(όντ)加上表示"学问"、"学说"的词缀——ology 构成，即是关于 ont 的学问，ont 源出希腊文是 on(όν)的变式，相当于英文的 being；也就是巴门尼德（Parmenides）的"存在"。各派哲学家力图把世界的存在归结为某种物质的、精神的实体或某个抽象本原，因此有很多关于本体论的讨论。——译者注

② 形而上学（Metaphysics）：在公元前 60 年，安德罗尼柯编撰亚里士多德遗著时，先将亚里士多德关于自然的可感觉运动变化的事物的著作编在一起，命名为《物理学》，而把现在所谓形而上学的各篇章集合在一部书内，取名为 Meta physika，相当于给物理学加了一个前缀 meta。meta 有之后、超越、基础的意思，这个用语被拉丁语注解家理解为"超物理学"，即现在的形而上学。中文译名形而上学是根据《易经·系辞》中"形而上者谓之道"变化而来。——译者注

③ 先天，a priori。——译者注

学活动的领域由这些事实形成。人类在感知，并发现自身对感知①进行思考。关键不在于那些不经思考的感知元素，而在于思考。当即刻的判断形成：嚯！那是红色的！它无关紧要，只要我们能够想象出在其他环境的那个样子就行。当那个判断是：嚯！蓝色的！甚至可能是：嚯！什么都没有！或许，这样会让我们觉得情况更好。尽管你有什么意向和意图，它当时恰恰正是红色的。除此之外，其他的每件事物都只是假设性的推想。物理科学的领域就是由这些初级的思想，以及对这些思想的思想组成的。

但是，为了避免混乱，要做出说明。在上面刚刚引入的例子中，我们对初级感知思想给出了一种错误的简化。"嚯！那是红色的！"并不是一种初级的感知思想②，尽管它常常是我们口语表达会想到的第一个思想，甚至是我们无声地在脑海里想到的第一个思想。没有什么是孤立的。红色的感知，是红色物体与感知意识整体内容的关系。

这种关系中③，最容易分析的是空间关系。还有，在即刻感知中，那个红色的物体，除了是红色的物体以外什么都不是。它最好被称为是一个"物体是红色的"④。因而，对于一个直接知觉判断而言，一个较好的近似表述是，嚯！那儿的物体是红色的！但在这个表述方式中，其他更为复杂的关系无疑被省略了。

从科学分析中错误的简化，到过度的抽象，再到一个过度普遍性的普遍

---

① 感知，perception。——译者注
② 初级的感知思想，primary perceptive thought。——译者注
③ 这种关系，指代的应该是上一段结尾说的客体与感知意识整体内容的关系。——译者注
④ "物体是红色的"(object of redness)：通常我们说"红色物体"，red object，这是一个偏正短语，核心词汇是物体，而红色的是对物体的形容；而在这里，感觉非常强烈地感知到红色，在 object of redness 这个词语里，红色不再是一个修饰地位的词语，核心词就是红色，物体变成了红色的附属词。——译者注

观念——这种趋势就是早期形而上学的起源。它源于我们试图用适当的形容词来定义真实事物的隐含信念。按照我们认为的这种趋势，这个真实的东西是红色的。然而，我们真正的目标是，要在关系方面，明确我们对显现的感知。我们感知到的是，红色与其他显现有关。我们的目标就是分析这些关系。

科学的目标之一是思想的和谐，也就是，确保我们有意识的思想表述不会作出逻辑相反的判断。另一个目标是这种和谐思想的扩展。

一些思想直接产生于感觉表象①，它们是知觉的意识状态的一部分。像这样的一种思维是：一个物体是红色的在那里。但一般而言，这种思维不是口语化的，而是对意识内容的性质与关系的直接领会。

在这样的思想中，不可以缺乏和谐。因为直接领会②在其本质上是唯一性的，我们不可能把一个物体领会成既是红色的又是蓝色的。随后，当我们领会了蓝色物体的时候，我们可以判断，意识的其他元素是否不同。就在那种特定情形下，这个原初的理解可以被称为错误。但尽管事实存在，人们还是会有一个对红色物体的领会。

当我们谈到感觉表象时，我们指的是这些本质上与它知觉有关的最初的思想。但也有关于思想的思想，以及源自其他思想的思想，这些都是间接的思想。在这一点上，我们可以很明确地区分：一个实际的思想表述，即实际做出的判断；一个仅仅作为假设的思想表述的命题，即思想表述的想象可能性。请注意，意识的实际完整的思想内容，既不是肯定的、也不是否定的，它只是我们思考的东西。因此，思考"二加二等于四"与肯定"二加二等于

———————————

① 感觉表象，sense-presentation。——译者注
② 直接领会，direct apprehension。——译者注

四"是不同的。在第一种情况下,思想表述为命题;在第二种情况下,思想表述为对命题的肯定,而命题已退化为一个纯粹的命题,或者说,命题已经退化为一个假设的思想表述。

在思想与事实之间,我们有时会作出区分。但就涉及的物理科学而言,事实是思想,思想也是事实。即,感觉表象的事实,在它们影响科学时,它们是即刻领悟的要素,而这种即刻领悟就是思想。还有,实际的思想表述,最初的或间接衍生的,都是科学需要解释的具体事实。

事实是给定的,但思想是自由的,这种对事实和思想的区分并不绝对。在狭义的对感觉表象的即刻领会上,我们可以拣选和修改我们的感觉表象,让事实在一定程度上服从意志。再有,我们思想表述之流只是部分地被明确的意志修改。我们能选择我们的身体经验,我们发现我们在思考,即,一方面我们主导的必要感觉中有所选择,另一方面有意识的思想内容(涉及间接衍生的思想)并不全部由意志选择构成。

因此,总体说来,间接衍生的思想有一个很大的原初领域,也就是按照类型给出的、感觉表象的最初思想的领域。这就是我们思考事物的方式,据我们所知,并非完全出于抽象的需要,而是因为我们承袭了环境中的方法。这就是我们发现自己思考的方式,一种只有通过巨大的努力才能从根本上搁置的方式,而且只能在很短的时间内搁置。这就是我所说的"常识思维的整体装置"①。

这是科学中假定的思想体系。这是一种思维方式,而不是一套公理。事实上,在整理人类经验中发现正是这一套概念有用。它详细地被修改,但

---

① "常识思维的整体装置"(whole apparatus of common sense thought),前文第八章曾提到过。——译者注

从总体上被假设。对科学的解释是为了寻找与自然有关的概念和命题,这些概念和命题解释了这些常识性概念的重要性。例如,椅子是一个常识性的概念,分子和电子解释了我们对椅子的看法。

科学的目标是,把我们的反思和衍生的思想,与感觉表象的即刻领会所涉及的最初思想相协调。它还旨在产生这样的衍生思想,并逻辑地编织在一起。这就是科学的理论,它要达到的和谐是理论与观察的一致,其中观察是指对感觉表象的领会。

因而,科学的目的是双重的:(1)产生与经验相一致的理论,(2)解释自然的常识概念,至少解释出主要梗概。在思想和谐统一的科学理论中,这种解释表现为对概念的留存。

我并没有断言说,这就是过去科学家们想要达到或他们能够成就的思想。只要科研工作有任何成功的标准,这就暗示着科研工作的实际成果。简而言之,我们这里讨论的是观念的自然历史,而不是科学家的各种意志。

二、客　　体[①]

我们在空间中感觉到一些事物。例如,在这些事物中有:狗、椅子、窗帘、水珠、阵风、火焰、彩虹、钟声、香味、疼痛和痛苦。关于这些感觉的起源,有一种科学性解释。这种解释的根据是分子、原子、电子及其相互关系,特别是它们的空间关系,以及在空间中传播的这些空间关系的扰动波。科学

---

① 客体 object。这里,标题用的复数,objects。从行文当中可见,怀特海把客体分为三种:感觉客体(sense-object)、知觉的思想客体(thought-object of perception)和科学的思想客体(thought-object of science)。——译者注

解释的基本元素,不是能直接感觉到的事物,例如分子等。例如,我们并不感觉到光波。数百万次这样的波在一段时间内的冲击,产生的结果就是视觉。因此,直接感知到的客体对应于物理世界中的一系列事件,这些事件延续了一段时间。感知到的客体并不总是对应于同一组分子。同一只猫,几年之后,我们识别出它的时候,我们关联的已经是跟几年前不同的分子了。

让我们对科学的解释忽略片刻。被感知的客体在很大程度上是我们想象的假定。当我们看到那只猫时,我们还意识到,它很高兴看见我们。我们仅仅听见它发出的喵呜声,看到它弓起来的背,并感觉它靠着我们磨蹭。因此,我们必须区分出来,单一间接的思想客体(那只猫),与许多直接的感觉客体之间有什么不同。

因此,当我们说起我们感觉的那只猫,并理解它的感受时,我们指的是,我们听到一个声音的感觉客体,我们看到一个视觉的感觉客体,我们摸到一个触觉的感觉客体,以及我们想到一只猫并想象它的感受。

感觉客体通过实践关系和空间关系相互关联。那些同时出现的感觉客体(在空间上也是一致的),被思想结合到一只猫的知觉中。感觉客体的这种组合通常是一种本能的直接判断,不需要进行推理。有时只存在一个感觉客体。例如,我们听到喵呜的声音,说房间里一定有一只猫。从感觉客体过渡到猫的转换,通过深思熟虑的推理而做出。甚至在几个感觉客体同时出现时,也可能引发这样一种自觉的努力。例如,在黑暗中,我们感觉到某个东西,听到来自同一个地方的喵呜的叫声,想:这肯定是一只猫。视觉更大胆,当我们看到一只猫时,我们不会多想。在猫不喵呜叫时,我们随着我们看到景象来判断猫。但是,这种对视觉客体和思想客体的直接识别可能会导致错误——鸟类啄食阿佩利斯①所画的葡萄。

单一的感觉客体是一个复杂的实体②。壁炉上的一片瓷砖,我们在稳定的光线下观察它,保持我们自己的位置不变,它作为单一的视觉客体就可能保持不变。即使这样,它也会在时间上延续,并且在空间上可分。把这片瓷砖从它所组成的一个更大的整体中区分出来,多少有点武断。闪耀的火光和我们位置的变动,改变了视觉客体。我们判断:作为思想客体的那片瓷砖仍然保持不变;作为视觉客体的火里的煤在逐渐改变,尽管在很短时期内保持不变;作为思想客体的那块煤正在改变。火焰是不一样的,它的形状只是依稀可辨。

我们得出的结论是,一个视觉客体能保持完全相同,这是一种思想的幻象。考虑一下那个情形,我们保持在稳定的光线中,认为瓷砖是一个不变的视觉客体。某一次感知到的感觉客体,和另一次看到的感觉客体,是不同的。因此,中午看到的瓷砖,与 12 点 30 分看到的瓷砖,截然不同。不存在一瞬间的感觉客体。当我们凝视瓷砖时,一分钟,或一秒钟,或十分之一秒,已经流逝了:视觉本质上有一段时间的持存。有一股视觉之流③,我们可以分辨出它的各个部分。但这些部分也都是流变的,并且只有在思想上,视觉之流才能分成一些元素的连续。这个视觉之流可能是"稳定"的,就像在不变的视线下的瓷砖的情况一样;也可能是"湍流"的,就像在凝视的视线下的火焰的情况一样。在这两种情况下,视觉客体都是视觉之流中任意某个一小部分。

---

① 阿佩利斯(Apelles)古希腊名画家,大约生活在公元前 4 世纪,曾为腓力二世和亚历山大大帝做过宫廷画师。没有作品存世。他画的葡萄栩栩如生,因为太逼真把鸟儿给骗了。——译者注
② 实体,entity。——译者注
③ 视觉之流,a stream of sight。——译者注

再有，构成视觉上的瓷砖的视觉连续之流，仅仅是整个视觉表象之流的一个可识别部分。

因此，最后，我们设想我们自己每一个周期都有一个完整的时间流变（或流）的感觉表象。这个流可分为多个部分。区分的根据是感觉的差异，包括在该期限内的感觉类型的差异，同一感觉类型内的性质和强度的差异，时间关系的差异，以及空间关系的差异。此外，这些部分并不相互排斥，存在于无限的多样性中。

各部分之间的时间关系引发了记忆和认知的问题，主题太复杂，无法在这里讨论。必须作出一个注解。如果被接纳，如前所述，我们不是生活在瞬间，而是生活在持续时间，也就是说，现在本质上占据了一段时间。记忆和即刻表象之间的区别并不是非常基本的，因为我们总是有着逐渐消失的现在，现在的消失是因为它变成了即刻的过去。我们意识的这个区域既不是纯粹的记忆，也不是纯粹的即刻表象。无论如何，记忆也是意识中的一种表象。

另一点是要注意与记忆有关的问题。当前事件和过去事件之间没有直接的时间关系。当前事件仅与过去事件的记忆相关。但是，对过去事件的记忆本身，就是意识中的一个现在的元素。我们坚持这样一个原则：可进行直接比较的两者，它们的关系只能存在于有意识的要素之间，两者都存在于知觉发生的当下。知觉要素之间的所有其他关系都是可以推理的结构。因此，有必要解释事件流中的区别如何自我建立，以及可见世界为什么没像折纸那样叠成一个单一的现在。困难的解决之道是观察，可观察到，现在本身就是一个持续时间，因此它包括直接感知的事件之间的时间关系。换言之，我们把现在和过去、未来放在同一个基础上，把过去、现在和未来包含在它的前因和后继事件中,这样过去、现在和未来在这方面完全是相似的观念。因此,将有两个事件 a 和 b,两者都在同一个现在,但事件 a 将直接被视为先于事件 b。时间流转,事件 a 消隐成过去,在新的当前持续时间中,事件 b 和 c 发生,事件 b 先于事件 c,同样在相同的现在持续时间中,仍然存在 a 和 b 时间关系的记忆。然后,通过推理的建构,过去的事件 a 先于现在的事件 c。根据这一原则,意识要素即使不发生在同一个现在,它们之间的时间关系也能够被建立起来。这里解释的原理被我们称之为聚合原理①,这是这个原理的第一个例子。这是精神建构的基本原理之一,我们根据它建构了外部物质世界的概念。稍后将讨论其他示例。

各部分之间的空间关系是混乱而波动的,通常缺乏确定的精度。为了使我们的智力得以思考,我们把注意力限定在那些相互关系足够简单的部分上,而万能钥匙②就是通过缩小范围来收敛至简单的原理③,我们称之为"收敛原理"④,这一原理延伸到整个感觉表象领域。

这一原理的第一次应用发生在时间方面。时间的延伸越短,包含在其中的感觉表象方面就越简单。变化带来的令人困惑的影响会减少,在许多情况下可以忽略不计。自然限制了思想的行为,使这些试图实现现在内容的行为限定在足够短的时间延伸之内,确保感觉之流大部分实现这种静态的简单性。

---

① 聚合原理,Principle of Aggregation。——译者注

② 万能钥匙,master-key。——译者注

③ 收敛至简单的原理(the principle of convergence to simplitiy):跟收敛原理同义,且怀特海混用这两个词。在《教育与科学:理性的功能》一书的序言中,怀特海就说明自己不会为了掩饰困惑去追求词语的一致性。他说"书的不同部分事实上以明确的相互参考来组成,以至于形成一个整体"。不一致的好处就是可以互相参考。——译者注

④ 收敛原理,Principle of Convergence。——译者注

　　在短时间内，在近似静态的感觉世界中，空间关系得到简化。通过将这个静态世界划分为受限制的空间内容的一部分，可以获得进一步的简单化。由此得到的各部分有更简单的相互空间关系，收敛原理同样适用。

　　最后，通过进一步的划分，将已经限制在空间和时间上的部分变得更小，使它们以感官类型的同质性、感官质量的同质性和强度的同质性为特征，从而获得最后的简单性。这三个限制过程最终产生了我们前面提到的感觉客体。因此，感觉客体是一种主动的过程的产物，根据收敛原理作出辨别，它是在完整的感觉表象之流中寻求简单化的关系的结果。

　　知觉的思想客体是一条关乎自然的基本规律的实例，这条规律关于客体的稳定性。它就是感觉客体一致性①的原理。这条稳定性的法则适用于时间，也适用于空间。此外，它还必须与另一条法则结合使用，即收敛至简单的原理，感觉客体就是按照这个原理衍生出来的。

　　感觉表象的一些复合的支流可以用以下特征来区分：（1）属于单一感觉的感觉客体的时间演替，参与了这样的复合支流，是由非常相似的客体组成的，这些客体的修改只是逐渐地增加，因此形成了复合支流之中的一个成分同质性的流。（2）那些不同感官的感觉客体，只要它们被明确地领会，它们会被限定在任意足够短的时间内，空间关系又是完全一样的。因此，这些各种成分的流都是同质的，"一致地"组成了这整个复合支流。（3）还有其他与该复合支流相关的感觉表象也在发生，它们具有其他的时间和空间关系，如果相似足够接近的话，它们可以通过从类似的复合支流衍生的规则来确定。这些被叫做"相关的感觉表象"②。作为一个整体看这种支流，在这里被

---

① 感觉客体一致性，the law of coherence of sense-object。——译者注
② 相关的感觉表象，associated sense-presentation。——译者注

称为"知觉的第一个原初的思想客体"①。

例如，我们看一个橘子半分钟，拿着它，闻闻它，注意它在果篮中的位置，然后转身离开。在这半分钟内，橘子的感觉之流表象是知觉的第一个原初的思想客体。我们认为支撑着橘子的果篮，就是一个相关的感觉表象。

第一个原初的思想客体形成的本质依据是空间关系的重合。我们会在一刹那间知觉到各种类型的感觉客体，它们的空间关系是重合的，它们就结合成为第一个原初的思想客体。一般来说，空间关系的重合是近似的重合，而我们的领会只是模糊的领会。因此，一致的空间关系，将感觉客体联合为第一个原始的思想客体；不同的空间关系，把感觉客体从聚合中分离出来作为第一个原始的思维客体。对于某些感觉客体群，这种联合可能是一种没有任何推理的直接判断。因此，最初的知觉思想是第一个原初的思想客体，而分离的感觉客体是作用于记忆的反思分析的结果。例如，视觉的感觉客体和触觉的感觉客体通常首先要联系在一起，其次才是在思想中分离。但有时这种联系是摇摆不定的，例如，猫的叫声客体和猫的视觉客体之间的联系。总而言之，各分支的感觉—知觉流合并成了第一个原初的知觉的思想客体，即瞬间的猫，因为属于这条流的感觉—知觉在同一个地方；但其实我们可以反过来说，这些分支的感觉流在同一个地方，正是因为它们属于同一个瞬间的猫。这种分析，即对各种原始思想客体，在任何一个小的当前持续时间内的、完整的感官表象流的分析，只是部分地符合事实。一个原因是，许多感觉客体，以声音为例，如果其空间关系是模糊和不确定的，我们的感觉器官与之关联的空间关系也是模糊的，从科学解释的角度说它们产生的

---

① 知觉的第一个原初的思想客体，first crude thought-object of perception。——译者注

起源也是模糊的。

把我们凝视了半分钟的橘子，阐述成一般词语意义上的橘子——这样一个进程，还涉及到两个原理：聚合原理和假想的感觉表象原理①。

聚合原理，如这里所使用的那样，采用的形式是：许多不同的知觉的第一个原初的思想客体，如果构成这些客体的许多支流充分地相似，如果它们的发生时间不同，并且如果关联的感觉表象充分地相似，就可以被设想为一个知觉的思想客体。

例如，离开橘子五分钟后，我们回来了。一个新的原初知觉思想客体呈现在我们面前，它与我们之前体验过半分钟的橘子不可区分。它还在同一个水果篮中，我们将一个橘子的两个表象聚合成同一个橘子。通过这样的聚合，我们获得了"知觉的第二个原初的思想客体"②，但无论我们如何继续进行这种聚合，橘子总比我们聚合的多。例如，当我们说，如果汤姆没有吃橘子，那么橘子就在柜子里。这意味着什么？

当前事实的世界不仅仅是一个感觉表象之流。我们发现自己有情感、意志、想象、概念和判断。任何进入意识的因素，都不是单独甚或孤立存在的。我们正在分析感觉表象和其他意识的因素之间的某些关系。到目前为止，我们只考虑了概念和判断的因素。想象，是橘子完成的必要条件，也就是假想意义的感觉表象。争论我们是否应该有这样的想象，或者讨论它们所对应现实的形而上学的真理是什么，对我们而言无关紧要。我们在这里只关注一个事实，那就是，这样的想象是存在的，并且本质上进入了知觉的思想客体的概念的形成，而知觉恰恰是科学的第一手数据。我们把橘子看

---

① 假想的感觉表象原理，the principle of hypothetical sense-presentation。——译者注
② 知觉的第二个原初的思想客体，second crude thought-object of perception。——译者注

作是感觉表象的一个永久收集，就好像它们是一个实际的元素那样地存在于我们的意识中，可实际上它们并不是。因此，我们设想的橘子，被认为是在橱柜中的橘子的形状、气味、颜色和其他特性。也就是说，我们想象感觉表象的各种假想的可能性，在我们的意识中认为它们需要现实性，其实现实性对它们的存在不重要。对科学而言，至关重要的事实正是我们的设想。就物理科学而言，它对现实形而上学的意义，不具有科学意义上的重要性。

以这种方式完成的那只橘子是知觉的思想客体。

必须记住，在知觉的思想客体形成过程中，判断和概念的产生主要是本能判断和本能的概念，而不是有意识地寻求的概念和判断，不是在采纳之前有意识的批判。它们的采用是由对未来的期望所推动和交织而成的。在未来的期望中，假设进入了实际，并且进一步判断了其他意识的存在。因此，对于一个意识来说，许多东西是假设；而在其他人的判断里，它们却是现实的。

知觉的思想客体，事实上是这样一种策略，使得我们的反思意识关系清晰明白起来，而这一关系保持在完整的感觉表象之流中。这种策略的效用毋庸置疑，它正是整个常识思想结构得以建立的基石。但当我们考虑到其适用范围时，证据是令人迷惑的。我们的感觉表象，在很大程度上，可以理解为对各种持久的思想客体的知觉。但是，感觉表象几乎在任何时候都不能完全只用这种方式来解释。视觉很可能适合这种解释，但视觉却容易被障蔽。例如，观察眼镜中的反射，半截在水中半截在水面上、看上去弯曲的筷子，彩虹，隐藏了发光物体的明亮光斑，以及许多类似的现象。声音更难办，在很大程度上，声音倾向于使自身脱离任何这样的客体。例如，我们看到了钟，我们也听到了来自钟的声音；但我们也说我们听到了钟。同样，牙痛很大程度上是由牙痛本身引起的，只是间接地由牙齿的神经知觉到。说明每一种感觉都能蓄积出同样的效果。

另一个困难来自事实的变化。思想客体被认为是一个在每一瞬间都完全真实的事物。肉被买来然后被煮熟，草生长然后枯萎，煤在火中燃烧。埃及的金字塔多年来保持不变，但即使金字塔也并非完全不变。改变的困难被逃避了，仅仅是在一个假定的逻辑谬误上加上一个技术性的拉丁名。把肉稍微煮一下，肉还是肉，但在烤箱里烤两天就会化成灰烬。什么时候肉不再是肉了？思想客体的主要用途是，此时此地把它作为一个东西的概念，彼时彼处可以被识别。这个概念适用于短时间内的大多数事物，适用于长时间内的许多事物。但感觉表象作为一个整体完全拒绝容忍这个概念。

我们现在来到了关于解释的反思区域，这就是科学。

通过收敛至简单的原理的应用，很大一部分困难会立即被消除。习惯性地，我们把我们的思想客体弄得太大，我们应该将其以更小的部分来思考。例如，斯芬克斯狮身人面像的鼻子被削成了碎片，通过适当的调查，在西欧或北美的一些私人住宅中，我们可以找到丢失的部分。因此，无论是狮身人面像的其余部分，还是碎片，都恢复了其永久性。此外，我们通过把客体设想得很小，小到只有在最有利的情况下才能观察到的，以此来扩大这种解释。这是收敛原理在自然界应用中的广泛延伸；但这个原理得到了精确观测的历史的充分支持。

因此，在很大程度上，知觉的思想客体的变化被解释为，把整体分解成更小的部分，这些很小的部分本身也是知觉的思想客体。知觉的思想客体，在文明化了的人类的常识思想中，几乎全都是假设的。物质宇宙在很大程度上是一个想象的概念，这种想象是基于直接感觉表象的薄弱基础上的想象。但它同样也是事实，一个我们可以对其想象的事实。因此，它在我们的意识中是真实的，正如感觉表象在那里也是真实的一样。我们意识中的两个因素：感觉表象，和假想的感知思想客体的实际表象，通过反思性的批判，在相关的地方达成一致。即，把我们的感觉表象理解为对假想的知觉的思想客体的实际实现。

大规模地使用纯假想性的知觉思想客体，使科学能够解释一些杂散的感觉客体。而这些杂散的感觉客体，不能解释为知觉思想客体的知觉，例如，声音。但是，在采取进一步的基本步骤之前，这些现象作为一个整体，抗拒沿此种路线作出解释，这就改变了物质宇宙的整个概念。即，知觉的思想客体被科学的思想客体所取代。

科学的思想客体是分子、原子和电子。这些客体的特点是，它们摆脱了所有能在意识中直接地感觉表象的品质。它们只是通过它们的关联现象，被我们获知。即，在我们的意识中，它们以它们所关涉的一系列事件的方式表象出来。按这个方式，科学的思想客体就被认为是感觉表象的原因。从感知的思想客体到科学的思想客体，这种转变被一个关于事物的第一性和第二性①的详尽理论所掩盖。

在思想中，用感觉—知觉来表示我们对与科学思想客体有关的事件的知觉——这样的策略，是在感官的流动模糊性和思想的精确定义之间形成桥梁的基本手段。在思想上，一个命题要么是真的，要么是假的。一个实体，全然是其所是，而实体之间的关系（在观念上）可以通过关于明确构想的

---

① 哲学对于第一性和第二性的纷争，唯物主义认为：物质第一性，意识第二性；唯心主义认为：意识第一性，物质第二性。人们热衷于对此详尽讨论，以至于掩盖了这样的一个发现，即，感知的思想客体转变为科学的思想客体。——译者注

实体的明确命题来表述。感觉—知觉对这些一无所知，就只知道礼貌。在调研的某个阶段，准确性基本上崩溃了。

三、时间和空间

概括——在知觉的思想客体之间保有时间的关系和空间的关系。通过识别下列任意一条，感觉客体可以作为分离的客体被辨识出来。（1）客体在感觉内容的差异，或（2）客体之间非同时性的时间关系，或（3）客体之间空间不重合时的空间关系。因此，感觉客体产生于对整个感官表象流中的对比的识别。也就是说，通过把客体识别作为相关的表述方式，来对比它们的关系。感觉内容的差异，有无限复杂的多样性。在一般观念的指导下，对它们进行分析，是物理科学永恒的任务。时间关系和空间关系相对简单，其分析所依据的一般思路是显而易见的。

时间和空间有简单性，思想选择时间和空间作为区分客体的永久基础，原因或许就在于此。把各种各样的感觉客体堆积在一起，作为知觉第一个原初的思想客体，然后，如上文所述，我们获得一个知觉的思想客体。因此，在短暂时间内构想的知觉的思想客体，无论是实际的，还是假设的，是知觉的第一个原初的思想客体。这样一个知觉的思想客体，被限定在一个短暂的时间内，承担着作为它的组成部分的感觉客体在同一时间内的空间关系。因此，知觉的思想客体，在其整个范围内被构想，必须彼此拥有其完整存在的时间关系。并且在任何一个小的持续时间内，知觉的思想客体，必须拥有其组成部分的感觉客体的彼此的空间关系，而这些组成部分的感觉客体就位于该持续时间内。

各种关系联系在一起,所以知觉的思想客体在时间和空间上是相连的。感觉表象的客观性分析的起源,就是在时间关系和空间关系中,把感觉客体识别为不同的表述方式。因此,知觉的思想客体就按时间和空间划分开来。

整体与部分[①]——一个感觉客体是整个表象之流的一部分。"部分"这个概念,仅仅用以陈述这个感觉客体与意识的完整感觉表象之间的关系。另外,一个感觉客体也可以是另一个感觉客体的一部分。它可以通过两种方式成为部分,即,时间的一部分和空间的一部分。似乎时间部分和空间部分这两个概念都是基本的,确切地说,它们都是表达直接表象给我们的关系的概念,而不是关于概念的概念。在这种情况下,不可能对实际表象做出进一步的定义。尽管如此,我们可以定义一个适当的标准,来判断这种表象的发生。例如,对于分子和电子的物理世界的存在,目前采用的是现实主义的形而上学。某个确定的人,在某个确定的时间,出现的椅子的视觉。这个椅子的视觉在本质上是不可确定的,这是他的视觉。就算我们在类似的情况下,所看到的椅子一定与我们的视觉非常相似。但是,存在着跟他的身体的感官有确定关联的确定的分子和光波,他的身体也处于某种可定义的状态,形成了视觉发生的充分准则。在物理科学被默认为可以代替视觉的法庭上,这个准则被法庭所接受。

"整体与部分"与"全部与某些"[②]二者之间的关系是密切的。这个关系可以由我们此前提到过的感觉客体的直接表象来解释。两个感觉客体,如果没有第三感觉客体是它们的一部分,则称这两个感觉客体为"分离的"。

---

① 整体与部分,whole and part。——译者注
② 全部与某些,all and some。——译者注

然后，一个物体 A 由两个物体 B 和 C 组成，如果（1）B 和 C 都是 A 的一部分，（2）B 和 C 是分离的，（3）A 中没有任何一个部分与 B 和 C 是分离的。在这种情况下，由两个客体 B 和 C 组成的集合 a，在思想上通常被替代为感觉客体 A。但这个过程的前提是"整体与部分"的基本关系。相反地，客体 B 和 C 可能是实际的感觉客体，但是与集合 a 相对应的感觉客体 A 可能仍然是假设的。例如，我们所生活的世界仍然是一个理念，在任何时候，在任何人的意识中都不存在任何单一的感觉客体能与其对应。

然而，可以找到某种模式，将广延客体之间的整体与部分关系，设想为逻辑集合的整体与部分关系。但在这种情况下，这里设想的广延客体不能是存在于意识中的真正的感觉客体。因为正如这里所设想的，一个感觉客体的一部分，是同一类型的另一个感觉客体。因此，一个感觉客体不能是其他感觉客体的一个集合，就像茶匙不能是其他茶匙的一个集合那样。常用的思想方式，就是点的方式，把"整体与部分"变换为"全部与某些"，也就是说，一个客体的一部分占据了整个客体所占据的一些点。如果有人认为，在他的意识中，感觉表象是点—客体的表象，而广延客体只是思想中聚集在一起的一类点—客体，那么这种常用的方法是完全令人满意的。我们将继续假设，这种点—客体的直接表象的概念与事实无关。

在前面的"思想的组织"一章中，我们提出了另一种模式。但这种模式只适用于知觉的思想客体，跟这里所考虑的原初感觉客体没有关系。因此，它必须被设想为是后一阶段思想的从属的策略。

因此，时间上的点—客体和空间上的点—客体，以及时间和空间上双重的点—客体，都必须被视为智力的建构。基本事实是感觉客体，在时间和空间上都有延伸，与其他这样的感觉客体之间具有"整体与部分"的基本关系，在我们思考一系列连续的包含部分的过程中,遵循收敛至简的规律。

整体到部分的关系,是一种时间关系或空间关系,并且因此主要是知觉的感觉客体之间的关系,它只是衍生性地归因于那些作为组成部分的知觉的思想客体。更一般地说,空间和时间关系主要存在于知觉的感觉客体之间,而衍生于知觉的思想客体之间。

点的定义——现在,我们可以研究时间点和空间点的起源。我们必须区分(1)时间感觉和空间感觉[①],(2)时间思想的知觉和空间思想的知觉[②]。

时间感觉和空间感觉是感觉客体之间实际观察到的时间关系和空间关系。除了或许可能有几个难得的实例之外,时间感觉和空间感觉不具有足以说明这个逻辑观念的点。而且,时间感觉和空间感觉是不连续的、支离破碎的。

时间思想的知觉和空间思想的知觉,则是在知觉的思想客体之间的时间关系和空间关系。时间思想的知觉和空间思想的知觉都是连续的。在这里,"连续的"意味着:所有知觉的思想客体彼此之间都必须具有一个时间(或空间)关系。

点的起源,正是充分利用收敛至简原理而得出成效。在这一原理不适用的范围内,一个点仅仅是一种累赘的方法,把注意力引向某一组知觉的思想客体之间的一组关系。而这组关系,即便就思想客体而言是实际的,但(在这种假设下)并不特别重要。因此,在物理科学中,时间点和空间点的概

---

① 时间感觉(sense-time)和空间感觉(Sense-space)。——译者注
② 时间思想的知觉 thought-time of perception;空间思想的知觉,thought-space of perception.——译者注

念被证明具有重要意义，这归功于收敛原理的广泛适用性。

欧几里得把点定义为不可分割的和没有量级的。在现代语言中，一个点，常常被描述为：通过无限地持续缩小一个体积（或面积），达到一个理想化的极限的过程。这样设想的观点通常被认为是便利的虚构。这种语言含糊不清，虚构是什么意思？如果它意味着一个与任何事实都不相符的概念，那么就难以理解它如何在物理科学中有任何用途。例如，一个穿着绿外套的红衣人居住在月球上，这种虚构永远都不可能给科学以哪怕是最微小的用处，正如我们所认为的那样，它并不符合任何事实。把点的概念称为便利的虚构，必须意味着，这个概念确实符合一些重要的事实。因此，有必要去掉这种模糊的引喻，取而代之的是，准确地解释概念所对应的事实是什么。

把一个点解释为一个理想化的极限①，对我们没有多大帮助。什么是极限呢？极限的观念，在数列理论和函数值理论中，有着精确的意义。但在这里，这两种意义都不适用。可以观察到，在一般数学意义上的极限得到精确解释之前，一个点作为一个极限的观念，可以被视为是一个概念的各种示例之一，但只能被直接的直觉所领会。这个观点现在不向我们开放。因此，我们再次面临一个问题：当一个点被描述为一个理想化的极限时，其精确的性质意味着什么？接下来的讨论，我们试图用知觉的思想客体来表述一个点的概念，它相关于整体与部分的关系，被视为时间关系或空间关系。如果是这样，讨论的导向可以被认为是对术语"理想化的极限"的精确解释，如同在这方面经常使用的那样。

可以使用一点儿符号，使随后的解释变得更为容易：用 a E b 表示"b

---

① 理想化的极限，ideal limit。——译者注

是 a 的一部分"。我们不需要决定我们是在讨论时间部分还是空间部分，但无论作出何种选择，都必须贯通所有相关讨论。符号 E 可以被认为是"encloses"①的首字母，所以我们把 $a \, \mathrm{E} \, b$ 读作"a encloses b"。再有，"E 的域"②是一组包含或被包含的东西，即所有的"a"，这样 x 就可以被找到，从而使 $a \, \mathrm{E} \, x$ 或 $x \, \mathrm{E} \, a$。E 的域的一个成员称为"一个包含客体"。

现在，我们假设这个整体与部分的关系，以后我们称之为"包含"，总是满足这样的条件：关系 E 是（1）可传递的，（2）不对称的，和（3）有它的域，包括它的相反域。

有四个条件值得考虑一下，其中只有前两个条件包含了一些至关重要的假设。

条件（1）可以表示为：$a \, \mathrm{E} \, b$ 且 $b \, \mathrm{E} \, c$，总是意味着 $a \, \mathrm{E} \, c$。能够发现一个实体 b，事实 $a \, \mathrm{E} \, b$ 且 $b \, \mathrm{E} \, c$ 就可以被设想为在 a 和 c 之间的一种关系。这种关系，我们以 E 来表示是很自然的。这样，条件（1）还可以写成，如果 $a \, \mathrm{E}^2 \, c$，那么 $a \, \mathrm{E} \, c$。无论何时关系 E^2 成立，意味着关系 E 也成立。

条件（2）部分地只是一个微不足道的定义问题，部分地是一个实质性的假设。E 是一种不对称的关系，$a \, \mathrm{E} \, b$ 和 $b \, \mathrm{E} \, a$ 决不能够同时有效。这种性质分裂成两个部分：（1）$a \, \mathrm{E} \, b$ 且 $b \, \mathrm{E} \, a$ 且"a 不等于 b"这样的事例不可能发生；（2）$a \, \mathrm{E} \, a$ 不可能发生。第一部分是一个实质性的假设，第二部分对我们而言，降至为琐碎的约定俗成，那就是，我们不应该把一个客体视为自身的一部分，而是应该把注意力集中于"恰当的部分"③。

————————————

① encloses 全文译为包含。——译者注
② E 的域，field of E。——译者注
③ 恰当的部分，proper parts。——译者注

条件(3)是指,$a \, E \, b$ 总是意味着我们可以发现c,使得$b \, E \, c$。这一条件与我们只考虑恰当的部分这一事实相结合,是对广延客体在空间和时间上不可分性的原则的断言。

一个不可分割的部分,在时间上缺乏持续性,在空间上缺乏广延性,因此它本质上就与可分割部分不同。如果我们承认这些不可分割的是唯一真正意义上的客体,那么我们随后的过程就是一个不必要的阐述。

我们会发现,第四个条件是必要的,因为逻辑困难与无限选择的理论相关,我们不需要进一步讨论这个问题,这涉及抽象逻辑的艰难的考虑。结果是,除了假设之外,我们无法证明集合的存在,每个集合包含无限多的客体。这些客体在这里称为点,这将立即得到解释。

现在考虑一组包含客体,即(1)它的任何两个成员中,一个包含另一个;且(2)不存在一个被所有其他成员包围的成员;且(3)不存在这样的包含客体,即它不是集合中由每个成员包含的成员。我们把这样一个集合称为"包含客体的收敛集合"①。当我们从大的成员到小的成员递进这个集合时,显然我们会向理想的简单性收敛,直到我们想要进行的任何近似程度,而这个系列作为一个整体,在这个近似路线上体现了完整的理想。重复一下,事实上,这个系列是一个近似的路线。

我们现在要探讨的是,对于每一条这样的收敛路径,收敛至简原理是否会产生相同类型的简单性。如我们所料,答案是,这取决于要简化的属性的本性。

例如,考虑该原理在时间上的应用。现在,时间是一维的。因此,当一

---

① 包含客体的收敛集合,convergent set of enclosure-object。——译者注

维性通过这里未说明的一种适当的条件被表述出来，一个包含客体的收敛集，作为一个近似路径，必须呈现出一个独特的时间瞬间的性质，正如欧几里得定义通常所设想的那样。因此，把收敛至简原理应用到时间上，无论要达到什么简单性，在任何此类的近似路径的特性中，都必须呈现出来。

对于空间，我们会有不同的考虑。由于其多维性，我们可以证明，不同的包含客体的收敛集合，表示不同的近似路径，可能呈现出不同类型的收敛至简，其中的某些比其他更复杂。

例如，考虑一个矩形盒子，高度 h 英尺、宽度 b 英尺和厚度 c 英尺。现在，保持 h 和 b 不变，并使垂直于厚度的中心平面（高度 h、宽度 b）固定不动，然后使 c 无限减小。这样，我们就得到一个关于盒子大小的无限的收敛序列，而没有最小的盒子。因此，该收敛级数显示了近似至简的路径，表达为一个高度 h、宽度 b 和无厚度的平面区域。

接下来，通过保持高度 h 的中心线不变，并使 b 和 c 无限地减小，系列将收敛成长度为 h 的直的线段。

最后，通过使中心点保持不变，并使 h、b 和 c 无限地减小，系列将收敛到一个点。

此外，我们还没有引入任何概念，用来阻止空间中分离碎片形成的包含客体。因此，我们可以很容易地想象一个收敛集，它收敛成空间中的一些点。例如，集合中的每个客体，可能由两个半径为 r、中心分别为 A 和 B 的不重叠球体组成。然后保持 A 和 B 不变，通过无限减小 r，我们可以把球体收敛到一对点，A 和 B。

现在，我们仍然需要考虑那些收敛到一个点的收敛集，仅仅通过利用基于包含关系的概念，就可以区别于所有其他类型的收敛集。

让我们用希腊字母来命名收敛集合：通过沿着任何这样的集合进行"前进"，让我们了解从组成集合的大客体到小客体的连续递进过程。

如果 α 的每个成员都包含 β 的一些成员，我们就说收敛集 α"覆盖"收敛集 β。我们注意到，如果一个包含客体 x，包含 β 的任一成员（y），那么的 β"尾端"①的每个成员（通过从 y 沿着 β 向前进行就能发现它们）肯定被 x 所包含。因此，如果 α 覆盖 β，从 α 的成员所包围的 β 的最大成员开始，α 的每一个成员包围 β 的尾端的每一个成员。

两个收敛集中的每一个都有可能覆盖另一个。例如，让一组（α）是一组同心球体，它们会聚到球心 A，另一组（β）是一组同心立方体，位于相同位置，会聚到相同的球心 A。然后 α 和 β 将彼此覆盖。

两个收敛集，每一个都覆盖另一个，我们称它们为"相等"的。

那么，如果想要每个被 α 覆盖的收敛的集也跟 α 相等，充分条件就是，保证一个收敛组 α 拥有点类型的收敛。更确切地说，如果 α 覆盖 β 总是意味着 β 覆盖 β，那么 α 就是一个点的类型的收敛组。

通过简单的例子可以很容易地得出，其他类型的收敛，如收敛到曲面、直线或点，不能具有这种特性。例如，考虑一下前面所说的关于盒子的三个收敛集，它们分别收敛到中心平面、中心平面中的中心线和中心线中的中心点。第一组覆盖了第二组和第三组，第二组覆盖了第三组。但没有两组是相等的。

有一个更困难的问题，要确保准点型收敛②，其充分条件是否也是必要条件？这个问题的关键在于，在阐述空间的精确数学概念之前，知觉的思想

① 尾端，tail-end。——译者注
② 准点型收敛，the punctual type of convergence；或准点收敛，punctual convergence。——译者注

客体有多远的精确边界。如果它们被认为拥有这样精确的边界，那么必须允许收敛到这些边界上的点的收敛集。说明完整的点的条件，所需的程序变得非常详细①，此处不予考虑。

但是，与精确空间边界概念有关的，这种精确的确定，似乎不属于真正的知觉思想客体。精确边界的归因实际上属于思想的转变阶段，它从知觉的思想客体转变到科学的思想客体。从即刻表象的感觉客体转变到知觉的思想客体，历史行进于一条摇摆不定的思想路线。这里标出的明确阶段，只是用来证明，逻辑上可解释的转变是可能的。

因此，我们假定，为确保收敛的一组包含客体准点收敛，而规定的上述条件，不仅是充分条件，也是必要条件。

可以证明，如果两个收敛集的包含客体，都等于第三个收敛集，则它们是相等的。那么，考虑任何准点收敛集（α）。我们要定义一个"点"，它是一个近似路径，在 α 和所有等于 α 的收敛集之间，它是中立的。对于这个相同的点，这些集合中每一个跟 α 的集合，都是一个近似路径。如果我们把这个点定义为一个集合，这个集合由所有属于 α 或属于跟 α 相等的收敛集的包含客体所组成，则这种定义就可以确保成立。我们用 P 为这个包含客体的集合。任何收敛集（β），组成它的包含客体都是从 P 的成员中被挑选出来，肯定是趋于那同一点的一个近似值路线，就如原初的点的群组 α 所做的那

----

① Cf. *Rèvue de Mètaphysique et de Morale*，May 1916，where this question is dealt with by the author at the end of an article，"La thèorie relationniste de I'èspace."［Addendum，1928：The article was written in 1914，and read in Paris at a congress in May of that year. I do not now consider that it evades the difficulty. The topic is reconsidered in my Giford lectures for l928.］参见鲁汶道德形而上学杂志，1916 年 5 月，作者在一篇文章《空间的理论关系》结尾讨论了这个问题。［附录：1928 年。本文写于 1914 年。那一年五月在巴黎的一次大会上宣读。我现在不认为它逃避了困难。我在 1928 年的吉福德演讲中重新谈论了这个话题。］——作者注

样。也就是说,更确切地说,只要我们在 β 中选择一个足够小的包含客体,我们总是能够找到 α 的一个成员来包含它;且只要我们在 α 中选择一个足够小的包含客体,我们总是能够找到 β 的一个成员来包含它。这样,P 只包含准点型的收敛集,并且从 P 中选出任意两个收敛集,按所指示的近似路径收敛,得到相同的结果。

点的使用——点的唯一用途是为了方便运用收敛至简单的原理。当考虑到在时间或空间上受到充分限制的物体时,在适当的情况下,根据这一原理,一些简单的关系变成了事实。点的引入,使这一原理得以贯彻到其理想极限。例如,假设 $g(a, b, c)$ 代表关于三个包含客体 a、b、c 的一些陈述,如果这些客体在一定程度上被适当地限制,那么相关陈述是真的。三个给定的点 A、B、C,那么我们定义 $g(A, B, C)$ 是指,无论选择哪三个包含客体 a、b、c,使 a 是 A 的一个成员,b 是 B 的一个成员,c 是 C 的一个成员,总是可以找到 A、B、C 的其他三个成员,也就是,x 是 A 的一个成员,y 是 B 的一个成员,z 是 C 的一个成员。这样就使得 $a \, \mathrm{E} \, x$、$b \, \mathrm{E} \, y$、$c \, \mathrm{E} \, z$ 和 $g(x, y, z)$。因此,只要 A、B、C 的尾端足够远,我们就可以保证三个客体 x、y、z,对它们而言 $g(x, y, z)$ 是真的。

例如,假设 $g(a, b, c)$ 表示"a, b, c 是一行中的三个点"。这必须解释为,无论我们选择三个客体 a、b、c,分别是 a、b、c 的成员,我们总能找到三个客体 x、y、z,各自是 a、b、c 的成员,这样 a 包含 x、b 包含 y、c 包含 z。也就是说 x, y, z 也在一个线性的行列上。

有时需要双重收敛,即条件的收敛和客体的收敛。例如,现在考虑这样的一个陈述"A 点和 B 点相距两英尺",这里,精确的陈述"相距两英尺"不适用于客体。对于物体 x 和 y，我们必须换用"x 和 y 之间的距离在极限（2 $\pm e$）英尺之间"这句话来代替。这里，e 是一些小于 2 的数字，为这个陈述我们选择了它。那么，点 A 和点 B 相距两英尺；如果我们选择数字 e，不管包含客体 a 和 b（它们各自为 A 和 B 的成员）是什么，我们认为，我们总是可以找到包含客体 x 和 y（它们各自为 A 和 B 的成员）。这使 a 包含 x 和 b 包含 y，并也使 x 和 y 之间的距离处于极限（2e）英尺之间。很明显，由于 e 可以被选得尽可能小，所以这句话准确地表述了 A 与 B 相距两英尺的条件。

直线和平面——但是，直线和平面的智能构造问题还没有得到充分的分析。我们已经解释了三个或更多共线[①]点的陈述的含义，并且可以同样地理解，如何解释四个或更多共面[②]点的陈述的含义。在任何一种情况下，都可以从关于延展客体的模糊陈述中推导出精确的几何陈述。

此过程只考虑有限数量的点的群组。但是直线和平面被认为包含无限多的点。线和平面的完成是通过聚合原理的更新运用而获得的，就像一组最原初的、粗糙的知觉思想客体，被聚合成一个完整的知觉思想客体一样。这样，当满足一定的交错条件时，对不同群组的点的共线性的重复判断，在群组中所有点的单次判断中，聚合为一个整体共线群组。关于共面性的判断，与此情况相似。这种逻辑的聚合过程，可以在其精确的逻辑分析中表现出来。但这里没有必要继续讨论这些细节。因此，我们认为我们的点被分为平面和直线，关于这些平面和直线有各种几何公理。这些公理，在本质上需要点的概念的范围内，能够表现为关于广延客体关系的模糊的、不太精确

---

① 共线，conllinear。——译者注
② 共面，coplanar。——译者注

的判断的结果。

因此，我们认为我们的点被分为平面和直线，关于这些平面和直线，几何的各种公理是适用的。

空的空间[①]——必须注意的是，迄今为止定义的点必然涉及知觉的思想客体，并且位于这些客体所占据的空间的广延范围内。事实上，这样的客体基本上是假设的，我们可以把足够多的客体带入我们的假设中，以完成我们的直线和平面。但每一个这样的假设，都会削弱我们的科学自然观与实际观察到的事实之间的联系，而这些事实涉及实际的感觉表象。

奥卡姆剃刀[②]，*entia non sunt multiplicanda praeter necessitatem*[③]，并不是基于逻辑上的优雅而产生的一种独断的规则。它的应用也不完全被限制于形而上学的思辨。我不知道其形而上学有效性的精确原因，但其明显具有科学的有效性。也就是说，假设的实体的每次使用减少了这种主张，即科学推论是思维与感觉表象之间和谐的必要的结果。随着假设增加，必然性就减少了。

---

① 空的空间（empty space）：如果把空间设想为被客体填塞、充满，比如被空气充满，这样我们就可以想象出充满物质点的空间，似乎更好理解。可是空间在本质上不依赖客体的填塞，我们要理解空间不应该仅从填塞它的客体去理解。空的空间里的点，不是物质点，是理念上的点。这些理念上的点，或许被占用，即是一个物质点；也可能未被占用，即该理念上的点不是物质点，且作为一种可能性。或许，理解了空的空间，才更好地理解了空间。——译者注

② 奥卡姆（William of Occam，约 1285—1349）：14 世纪逻辑学家、圣方济各会修士。奥卡姆对当时无休无止的关于"共相"、"本质"之类的争吵感到厌倦，于是著书立说，宣传只承认确实存在的东西，认为那些空洞无物的普遍性要领都是无用的累赘，应当被无情地"剃除"。他所主张的"思维经济原则"，概括起来就是"如无必要，勿增实体"。因为他叫奥卡姆，人们就把这句话称为"奥卡姆剃刀"。这把剃刀出鞘，剃秃了几百年间争论不休的经院哲学和基督神学。——译者注

③ Entia non sunt multiplicanda praeter necessitatem. 是奥卡姆剃刀定律的拉丁文形式。
翻译成现代英语是：：Entities should not be multiplied beyond necessity.
翻译成中文是：如无必要，勿增实体。——译者注

　　常识思维也支持这种观点，即拒绝将所有空间视为本质上依赖于填充这个空间的假想客体。我们认为物质客体充满空间，但是我们要问：地球和太阳之间、恒星之间或恒星之外，是否存在任何客体？对我们来说，空间是存在的，唯一的问题是它是否被客体充满。但这种形式的问题前提是，空的空间的意义，即那种不包含假想客体的空间的意义。

　　这带来了对点概念的更广泛的应用，需要更广泛的定义。到目前为止，我们认为这些点表明了客体之间的包含关系。因此，我们得出了现在所说的"物质点"。但是点的观念现在可以转化，可以指示不是封闭关系，而是外部关系的可能性。这是由于扩大了理念化的点的观念，如几何学家所知那样。

　　"物质线"[①]的定义是，由共线的点组成的完整的共线集合。现在考虑一组包含特定物质点的物质线。把这样一组线叫做理念的点。这组线指出了位置的可能性，实际上这个位置被所有物质线共同的那个物质点占着。所以，这个理念上的点是一个已经被占用的理念点。现在考虑一组三条物质线，其中任意两条共面，而不是全部三条都共面。并且，我们进一步考虑整组的物质线，使每一条都与先选择出来的三条物质线中的每一条共面。关于物质线的公理，让我们能够证明，这个集合中的任何两条线是共面的。那么整组的线（包括三条原初的线）按照定义以其完全的一般性形成了一个理念中的点。这样一个理念的点，也许被占用了，在这个情况下，集合中所有的线都有一个共同的物质点；但它也可能没有被占用，理念的点仅仅是空间关系的一种可能性，尚未实现。它是一个空的空间的点。因此，理念上的

———————————

① 物质线，material lines。——译者注

点,可能被占用,也可能不被占用,都应视为应用科学的几何学的点。这些点分布成直线和平面。对这个问题的任何进一步讨论,都将引导我们进入几何公理的技术主题及其直接后果。这些已经足够证明,几何是如何根据空间的关系理论产生的。

由此构想的空间是物质世界的思想空间。

四、力　场

科学的思想客体,被认为与这个思想空间直接相关。它们的空间关系,由思想空间的点所指示。它们出现在科学中,仅仅是对常识思维的固有过程的进一步发展。

完整的感觉表象中的关系,在思想中表现为知觉的思想客体的概念。所有的感觉表象都不能用这种方式来表述,思想客体的变化和消失也导致思想的混乱。我们试图以永久物质的概念,把这种混乱还原为秩序,永久事物①具有第一性质和第二性质。最终,这点在第二性质上得到了体现,即对客体产生的事件的知觉。但是,正如感知到的那样,跟客体完全无关。而且,知觉的思想客体被替代以分子、电子和以太波,直到它的长度不再是能被感知的科学的思想客体,但一系列复杂事件与之相关。如果科学是正确的,没有人会把一个事情感知为仅有一次事件。② 其结果是,当与现代科学概念联系起来时,旧哲学的语言仍然存在于许多方面,现在仍被彻底地继续使用。哲学,确切地说是旧哲学,认为事物都是直接感知的。根据科学思

---

① 永久事物,permanent matter。——译者注
② 原文为: If science be right, nobody ever perceived a thing, but only an event. ——译者注

想,我们永远不会感知到终极的事物,本质上,知觉是由一系列事件产生的。这两个观点是不可能调和的。

现代科学概念的优势在于,它能够"解释"感觉表象的流动而模糊的轮廓。知觉的思想客体,被认为是处于相当稳定的运动状态中的一个大的分子群。这个分子群不断变化着,但保持一定的特性。此外,离散的感觉客体,不作为知觉的思想客体的一部分被直接给定,现在可以得到解释:舞动的光的反射,模模糊糊地听到的声音,闻到的气味。事实上,科学世界里感知的事件,有一般定义或者没有定义,具有稳定性或缺乏稳定性,跟具有完整感觉表象的感觉客体一样,或者说跟知觉的思想客体一样。

科学的思想客体,即分子、原子和电子,都具有永久性。事件将简化为空间结构的更改。决定这些变化的规律是自然界的终极规律。

物理宇宙的变化规律是基于这样一个假设:宇宙的先前状态决定了变化的性质。因此,我们要知道宇宙的结构和事件,直到任何瞬间,也包括任何瞬间[①]。那些瞬间涉及足够多的数据,我们可以由此来确定事件的连续性。

但是,在追寻事件的前因时,常识性思维在处理知觉的思想客体的世界时,习惯性地假设更多的前因事件可以被认为无关。我们对原因的考虑,仅限于先前一小段时间内发生的事件。最后,在科学思想中,假设在一个任意短暂的持续时间内的事件是充分的。因此,依据这个理论,物理量及其连续的微分系数在瞬间达到任何阶数,但在那一瞬间之前就有它们的极限值,足以确定瞬间之后的宇宙状态。更具体的法则是假设的。但是对它们的搜

———————————

① 似乎从行文中可见,宇宙的结构、宇宙的事件和事件之间有一种量级上的递减关系。——译者注

索以这个一般原则为指导。此外,假设物理宇宙中,更多的事件与任何特定效应的产生无关,这种效应被认为是由相对较少的先前事件产生的。这些假设是从人类的经验中产生的。人生的第一堂课,是要集中注意力于一些感觉表象的因素,以及更少知觉思想客体的宇宙。

思想被引导去寻找特定原因时的原则,无论有意识或者无意识,是:时间上的遥远和空间上的遥远是影响相对分离的证据。这一原则的极端形式是,否认任何在距离上的行动,无论是在时间上还是在空间上。接受这一原则的困难在于,由于没有相邻点,只有重合体才能相互作用。我看不出这一困难的答案,也就是说,要么物体都有相同的位置,因此是一致的;要么它们有不同的位置,因此在一个不发生相互作用的距离上。

这一困难并没能因连续分布的以太假设所回避。原因有两个:第一,以太的连续性并不能避免这种进退两难;第二,困难既适用于时间,也适用于空间。这种进退两难将证明,不可能有产生变化的原因,也就是说,先前环境的结果没有提供改变的条件。

另一方面,在空间中被分离的两个物体之间的直接相互作用,无疑违背了距离的概念,因为,远距离就意味着物理上的分离,就像空间关系的分离那样。如同它否认的一样,在假设超远距离可以有作用时,不存在逻辑上的困难。但是,它会跟常识性思维系统的一贯假设相矛盾。科学的主要任务就是调节常识性思维系统,它与常识性表述相协调仅需要极微量的修整。

现代科学真的不关心这场争论。它的(未被承认的)概念确实非常不同,尽管口头解释保留了前一个时代的形式。观念转变的关键在于,旧科学的思想客体被认为具有一种不属于物质宇宙整体的简单性。它被封闭在空间的有限区域内,其环境的变化只能由不构成其本质部分的力所引起。于是，以太被召唤，来解释这些被动的思想客体之间的主动关系。整个概念都有上面提过的逻辑困难。同样，在解释以太的意义上，也没能形成明确的概念。以太拥有一种不属于原来的思想客体的活动，即它携带势能，而原子只具有动能，即所谓的原子势能，其实属于周围的以太。事实是，以太确实被排除在"超距无作用"①的公理之外，公理也因此被剥夺了所有的力量。

现代科学的思想客体，具有整个物质世界的复杂性，这一点还没有被明确认识。在物理学中，和其他领域一样，从简单性中获得复杂性的无望努力被默许地放弃了。我们的目标不是简单性，而是连续性和规律性。从某种意义上说，规律性就是一种简单性。但它是具有稳定相互关系的简单性，而不是缺失内部结构类型或关系类型的简单性。这个思想客体充满了所有的空间，它是一个"场"，也就是说，它是一种标量和向量在整个空间中的特定分布，这些量在每个时间点上对每个空间点都有它的值，这些点在整个空间和整个时间内连续分布，可能有一些特殊的非连续性。构成这个场的各种类型的量，在时间和空间的每个点上，都有确定的关系。这些关系是自然的终极法则。

例如，考虑一个电子。存在关于电流的一个标量分布，这就是我们通常所谓的电子。这个标量分布，在时间 t 的任何点 (x, y, z) 上，有一个体积密度 ρ。于是，ρ 是 (x, y, z, t) 的一个函数，除了在限制的区域，它是零。而且在任何时候，作为一个本质的附件，在两个矢量的每个点上，有一个连续的空间分布。其中一个矢量 (X, Y, Z) 是电力，另一个矢量 (α, β, γ) 是磁力。最后，把个体性归因于标量电流的分布，因此除了在假定定律里涉及

---

① 超距无作用 no action at a distance，参照物理学里"超距作用"action at a distance 翻译。——译者注

的量守恒之外，还有可能把给标量电流分布的不同个体部分指定速度，让这些个体部分以指定速度在运动。用(u, v, w)表示(x, y, z, t)的这种速度。

ρ、(x, y, z)、(α, β, γ)、(u, v, w)，这整个标量和矢量的设置，由电磁定律相互联系。根据这些定律，在标量分布ρ的意义上，电子将被设想为在每一瞬间从它自身传播一次放射，这种放射以光速向外传播。从中可以计算(X, Y, Z)和(α, β, γ)，只要它们由于这个原因。所以，在任何时候，电子的场作为一个整体，取决于该电子先前的历史。距离这个电子越近，相关历史就越近。这样一个场的整个设置是一个单一的科学思想客体，电子及其放射形成了一个基本的整体。也就是说，一个科学的思想客体，它在本质上是复杂的，基本上充满所有的空间。电子本体，即标量分布ρ，是该整体的焦点。而焦点的基本性质是，任何时候，场都完全取决于这个焦点的先前历史及其在过去所有时间的空间关系。但是场和焦点不是独立的概念，它们本质上关联在一个有机统一体中。也就是说，在一个实体进入我们思想的关系场的时候，它们是基本相关的。

这样一个领域的整个计划是科学的一个单一的思想客体，电子及其发射形成了一个基本的整体。也就是说，科学的一个思想客体，本质上是复杂的，基本上覆盖了所有的空间。电子本体，即标量分布E，是整体的焦点，基本的焦点性质是，在任何时刻的场都完全由焦点的先前历史及其在过去所有时间的空间关系决定。

按照线性法则，即类似标量的加法和类似矢量的平行四边形法则，一组电子的场聚合起来。每一个电子的运动变化，完全取决于它所占据区域的合成场。因此，一个场可以被视为一种行动的可能性，但它代表一种现实的可能性。

需要注意的是，这里包含了因果关系的两种备选观点。空间中任何区域内的完整场都取决于所有电子的过去历史，这些历史与它们的距离成正比。这种依赖性也可以被认为是一种传播。但从影响该区域内电子变化的原因来看，仅仅是该区域内的场，该场在时间和空间上都与该电子一致。

这种对可能性背后的现实性的设想过程，是把规律性和永恒性引入科学思想的统一过程，即从事实的现实性出发，到可能的现实性。

从原初的感觉客体中得来知觉的思想客体；从实际知觉的思想客体中得来假设的知觉的思想客体，从假设无限多的集合的假设知觉思想客体中得来物质点，从物质点得来理念的点，从知觉思想客体得来科学的思想客体，从实际电子的交互反应得来电场。

这个过程是对逻辑关系的持久性、一致性和简单性的研究。但它并没有导致内部结构的简单化。科学的每一个终极思想客体，都保留着属于整个科学宇宙的每一种品质，但以永恒和统一的形式保留着它们。

五、结　论

我们通过排除价值判断和本体论判断而开始，我们通过回顾它们而结束。价值判断不是物理科学的本质，但它们是物理科学产生的动机部分。人类建造了科学的大厦，因为他们判定科学是有价值的。换言之，动机涉及无数的价值判断。再有，致力于躬耕科学领域的那个部分是一种有意识的选择，而这种有意识的选择涉及价值判断。这些价值也许是审美的、道德的、实利的。它们是关于结构之美的判断，或关于探索真理的责任的判断，或关于在满足物质欲望的功利的判断。但无论这个动机是什么，没有价值判断就没有科学。

还有，本体论判断并没有因为缺乏兴趣而被排除在外。事实上，它们是生活中每一个行为的前提：在我们的情感中，在我们的自我约束中，在我们的建设性努力中。它们是道德判断的前提。它们的困难在于，在协调原初的常识判断的方法上，它们缺乏一致性。

科学并不能减少形而上学的需要。最迫切需要的是与上述所谓的"潜在可能的现实性"①有关。可能做几句解释会使论点更清晰，尽管它们对于形而上学顶点涉及一种草率的方法，这不是本文要探讨的。

在我们粗略的讨论中，主体和客体的概念有两种截然不同的关系。整体感知意识与其自身内容的一部分之间存在着关系，例如，感知意识与一个对其明显表象红色的客体之间的关系。还存在着感知意识与一个实际不存在的实体的关系，这个实体是意识内容的一部分。这种关系，就感知意识所知，必须是一种推论关系，这种推论是从对感知意识内容的分析中得出的。

这些推论的基础必须是直接已知的意识要素，超越它们在意识中的即刻表象。这些要素是普遍的逻辑、道德和审美的真理，以及包含在假设命题中的真理。这些是直接的知觉客体，而不仅仅是感知主体的情感。它们具有作为单个主题的即刻表象的一部分的特性，但比这些部分还要多。所有其他的存在都是推断出的存在。

在本章中，我们更直接地考虑假设命题中所体现的真理。这些真理不应与任何怀疑相混淆，这些怀疑关系到我们对未来自然现象的判断。一个

---

① 潜在可能的现实性，the actuality underlying a possibility。——译者注

假设性的命题，像是一个范畴的判断，可能是令人怀疑的，也可能不是令人怀疑的。而且，像是一个范畴的判断，它表述了一个事实。这个事实是双重的．作为在意识中的表象，它只是这个假设性的判断；作为一个范畴性的事实的表述，它陈述了一个超越意识的关系，这种关系存在于由此推断的实体之间。

但这种形而上学的分析，虽然简短，也可能是错误的，充其量只能得到非常局部的赞同。当然，这一赞同也引出了我想表述的观点。物理科学是建立在思想的基础上的，如判断记录实际的知觉，判断记录假设的知觉，在一定的条件下，这些感知是可以实现的。这些要素构成了常识性思维工具的约定内容。它们需要形而上学的分析，但它们是形而上学开始的数据之一。一个拒绝它们的形而上学已经失败了，就像物理科学在无法将它们统一到理论中时失败了一样。

科学只是使形而上学的需要更加迫切。科学本身对解决形而上学问题几乎没有直接作用，但它确实有助于解释这样一个事实，即，我们对可感的表面事物的经验能够被分析成一种科学理论，一个并不真正完整的理论，但却给了每一个无限延展的承诺。这一成就强调了我们的逻辑思想与可感的领会到的事实之间的密切关系。科学理论的特殊形式也必然具有一定的启发性。在过去，错误的科学一直是糟糕的形而上学的根源。毕竟，形而上学者赖以推断其结论的证据中，有一部分体现了科学的缜密审查。

第十章　空间、时间和相对性

（1915 年在英国促进学术进步协会 A 分会
召开的曼彻斯特会议上宣读①）

空间和时间的基本问题，我们已经从许多不同的科学所创造的观点中考虑了。本篇论文的目标是把这些观点中的一些观点相互关联起来，这也是一个谦逊的目标。对每个观点做出一种很粗略的处理是必要的。

理论物理学家们，通过解释莫利-迈克尔逊实验②和特劳顿实验③的否

---

① 此文后又在亚里士多德学会上宣读，带附注。编辑成书时有删改。——译者注
② 莫利-迈克尔逊（Moley-Michelson）实验：也叫迈克尔逊-莫利实验，是迈克尔逊和莫利两人 1887 年在美国克利夫兰的阿德尔波特学院进行的证明"以太风"是否存在的实验，实验几乎零结果，很难解释，引起学界许多关注，试图以各种假说来对这个结果进行解释。很多科学家都很关注这个实验，包括洛伦兹、爱因斯坦等人。还有人认为爱因斯坦的狭义相对论受到迈克尔逊-莫利实验的影响。——译者注
③ 特劳顿（Trouton）实验：电容器扭矩实验。特劳顿是费兹杰惹的学生，因为他的不断提及，让人们意识到费兹杰惹比洛伦兹更早地提出了收缩假说。特劳顿实验是对费兹杰惹-洛仑兹收缩假说的努力尝试，为狭义相对论的诞生准备了条件。——译者注

定结果，而演进相对论。经验心理学家们，考虑了从原初的感觉资料经验到空间观念的演进。形而上学家们，思索了空间和时间宏观的统一性，没有开始、没有结束、没有边界，也没有关于它们的真理的例外；所有这些性质更为吸引我们的注意力，使我们从令人困惑的偶然性本质中解脱出来，这个经验宇宙的令人困惑的偶然性本质正是由这些性质制约的。数学家研究了几何学公理，现在能够演绎全部定理，我们相信，从有限的几个假定出发，借助最严格的逻辑，可以演绎出空间和时间方面的普遍真理。

　　这些不同的思路各自演进，却很少相互联系，这令人惊讶。也许，这样也行。科学的结果从来不能完全正确。借助于健康的思想独立性，我们有时能避免把其他人的错误加于自身[①]。但毫无疑问，通常思想杂交的方法是：以其他科学中所假定的形式，来考虑与我们自己相同的或相关的问题。

　　在此，我不打算对这些不同的科学篇章做系统的研究。我既没有这方面的知识，也没有时间。

　　首先，让我们考虑关于相对性理论的任何一个终极基础。所有的空间测量，都是从空间中的材料到空间中的材料。几何学的那种空的空间实体[②]从未显现。我们直接知道的唯一的几何学性质，是那些现象的性质，而现象又是转变着的、可改变的。我们称这些现象为空间中的事物。例如，太阳是遥远的；球是圆的；灯柱是线状排列的。无论人类从哪里获得了一个无限的、不改变的空间观念，当下稳妥的判断是：认为它并非是一个可以直接观

---

① 保持思想的独立性，至少好过完全依赖他者的观念。研究如果缺乏独立性，全盘接纳他者，一旦他人的观念是错误的，就会导致自己随之错误。但是正如怀特海所说，仅保持思想独立性也不够好，缺少了跟其他思想的碰撞。——译者注
② 空的空间实体，只存在于几何概念中，现实里并不存在。——译者注

察的对象①。

有两条相反的哲学道路来确认这个结论的正确。

一条哲学道路是,我们肯定空间和时间是感觉经验的条件。如果感觉经验没有被投射进入空间和时间,那么感觉经验将不会存在②。于是,虽说我们关于空间和时间的知识在经验中被给予也许是真实的,但说这种知识从经验中被推断出来,就像万有引力定律那样被推断出来,这是不对的③。关于空间和时间的知识,不是推断出来的。在经验活动中,我们必然会意识到,空间是一个被给定的无限整体,时间是一个统一的永恒连续。我们把这个哲学立场表达为一种说法,即空间和时间是感觉的先天形式。

处理这个问题,相反的哲学方法则是:肯定我们关于空间和时间的概念来自于经验的推断,就像万有引力定律那样,是确切的推断。如果我们形成了关于点、线、面的精确概念,以及关于时间连续间的概念,并假定它们彼此关联,像几何学公理和时间公理所表达的那样。那么,以我们的所能做到的完全精确的观察,我们能够制定出概念,来表达经验事实④。

这两个哲学立场的任意一个,都被人拿来解释某种疑难。先天理论解释了空间和时间规律的绝对普遍性,这样一种普遍性不归于任何来自于经验的推断;经验理论解释了空间—时间概念的起源。不引入任何其他的因

---

① 目前,我们能看到的所有的现象和事物都是变化着的,有一些限定的。所以我们不能假设我们可以观察到无限且不变的那种情况。——译者注

② 我们描述事实,会说什么时间、什么地点、有一个什么事物或者发生了一件什么事件。如果没有时间和空间,我们没有办法辨别和表达这种感觉经验。——译者注

③ 先天(a priori)理论认为,我们感觉经验到的时间和空间的知识,不像万有引力定律得出那样依靠推断,而是一种先天的感觉。——译者注

④ 经验理论认为:感觉经验建立在精确的时间和空间知识上,认为空间和时间是可以精确地推论的,就像万有引力定律被推论出来一样。——译者注

素，仅考虑那些在制定物理科学的其他概念中无可否认地出现的因素。

在关于空间或时间的讨论中，我们必须牢牢记住先天理论和经验理论的区分。但我们尚未利用这些区分。这些空间—时间概念如何与经验关联在一起？这个问题我们搁在一边。我们考虑的是：当这些空间—时间概念形成的时候，它们是什么？

我们可以把空间中的点设想为自我存在①的实体，那些被我称为物质的终极材料就在那个空间。点与物质之间有着不确定的占有关系②。于是，当我们说太阳在那里（无论太阳在哪儿），可以肯定，那个被我们称为太阳的东西，它的正负电子与某些点之间存在占有关系。这些点，本质上是独立于太阳的一种存在。这是关于空间的绝对理论。直到最近，绝对理论才变得不流行了，但其本身具有权威，十分值得尊敬。非常温柔地对待这个理论的人们很多，牛顿③就是其中之一。

另一个理论与莱布尼茨④联系在一起。我们的空间概念是关于在空间中事物之间关系的概念。因而，没有点这样一种自我存在的实体。用通俗的话来说，点不过是空间中事物之间一些特殊关系的名称。

我们从关系理论中可以得出，按照实际事物之间的关系，一个点应该是可以定义的。据我所知，数学家们还没注意到关系理论的这个结果，数学家总是把点假定为开始推理的终极根据⑤。许多年以前，我说明了一些方法类

---

① 自我存在，self-subsistent。——译者注
② 不确定的占有关系指，物质占有那些点或物质不占有那些点。可以设想这样一个例子，半杯水，水占据了一些空间点，而没有占据那些没有水的空间点。——译者注
③ 牛顿持绝对空间理论，认为点是独立于事物的自我存在。——译者注
④ 莱布尼茨持关系理论，认为点只不过是一种事物之间的特殊关系。——译者注
⑤ 如果点被定义成关系，就要继续探究关系背后的事实，也就无法作为推理的终极根据。而怀特海发现，多数数学家们似乎并不认同关系理论。——译者注

型，我们借此可以达到这样一个定义。最近又增加了其他的一些类型。相似的说明也可以用于时间。把空间和时间的理论，发展到以关系为基础，并且得出令人满意的结论之前。对空间点和时间瞬间的定义，我们不得不进行长久而仔细的审查，不得不去尝试和比较达到这些定义的多种方法。这是数学中未成文的一章，这种情况很像 18 世纪的平行线理论①那样。

在这种联系中，我想要把注意力引向时间和空间之间的类似。在分析我们的经验时，我们区分了事件，我们也区分了事件中改变了关系的那些事物。如果我有时间来更深入地考虑有关事件和事物这些概念，那会很有趣。现在我们只需指出，事物相互具有某种关系，我们把这些关系想象为关于事物空间广延之间的关系。例如，一个空间可以包含另一个，或排除它，或重叠它②。空间中的一个点只不过是某一组空间广延之间的关系而已。

类似地，事件之间存在着某些关系，我们可以说，它们是这些事件在一段持续时间③内的关系。更确切地说，是关于这些事件时间广延之间的关系。在给予的一共六种④可能性中，两个事件 A 和 B 的持续也许是一个先于另一个，或一个部分地重叠另一个，或一个包含另一个。在时间中，一个事件的广延性质非常类似它在空间中的广延。空间广延通过物体之间的关系被表达，而时间广延则通过事件之间的关系被表达。

---

① 在欧几里得几何中，过一点仅有一条直线与已知直线平行。而到了 1826 年，非欧几何提出了新的平行线理论："过一点仅有一条直线跟已知直线平行吗？"我们现在的答案是：无数条。——译者注
② 空间广延中的几种关系，译者试图通过举例的方法来帮助理解。一个包含另一个，例如，教学楼里有一间教室；一个排除另一个，例如，一个地方是南极，肯定就不是赤道；一个重叠另一个，海边的礁石会覆盖一些沙子。时间广延的几种关系可以参照这个方式来帮助理解。——译者注
③ 持续时间，temporal durations。——译者注
④ 时间广延关系的六种可能：A 先于 B，B 先于 A；A 包含 B，B 包含 A；A 部分地重叠 B，B 部分地重叠 A。——译者注

时间中的点，是时间广延之间的一组关系。我们无需多少思考就可以确定，时间中的点并非经验的直接判断。我们活在时间的持续中，而非时间的点中。但除了广延性这个名词相似之外，在时间广延和空间广延之间有什么共同性？考虑到由现代相对论所揭示的时间和空间之间的亲密关系，这个问题具有了一种新的重要性。

我还没有想出这个问题的答案。然而，我认为时间和空间具体表达了物体之间的关系。依赖于这些关系，我们判断得出：对于我们而言，它们都是外部性的。也就是，空间中的位置和时间中的位置，两者都具体表达了对外部性的一种判断，或许还是必要的判断。这种观点十分含糊，我必须以粗略的形式保留它。

不同的欧几里得测量体系

现在转向关于几何学公理的数学研究，它揭示出了非度量投影几何学与度量几何学之间的伟大的分离，这个成功非常重要，我们必须记住。目前为止，最基本的几何学是非度量投影几何学。从点、直线和平面的概念（并非三者全都无法下定义①）开始，和关于这些实体特别简单的、非度量的性质——例如，两个点确定一条直线——整个几何学几乎都能够被建构起来。甚至数量的坐标也能被引入，推理因此变得很容易。距离、面积和体积必须被引入，之前我还没提及它们。在直线上，点将有一个次序，但这个次序并

① 并非三者全都无法定义：按照空间的绝对理论，点可以作为推论的终极根据，我们可以运用点的概念来定义直线和平面。直线：一个点在平面或空间沿着一定方向和其相反方向运动的轨迹。平面：在空间中，到两点距离相同的点的轨迹。——译者注

不意味着任何固定的距离。

现在,当我们探究对距离的什么测量是可能的时,我们发现不同的测量系统都有可能。有三个主要类型的体系:一个类型的体系是欧几里得几何学[1],另一个类型的体系是双曲线[2](或罗巴切夫斯基[3]的)几何学,第三个类型的体系则是椭圆形的几何学[4]。还有,不同的存在物,或选择相同的存在物,可以在相同类型的不同体系中或不同类型的各个体系中进行计算。想想这个例子,稍后我们会对它产生兴趣。有两个人 A 和 B,他们同意使用相同的三条交叉线作为 x、y、z 轴。应用欧几里得类型的一个测量体系,并同意有无限的平面(这种情况不是必要条件)。更确切地说,他们同意有平行的直线。然后,通常用笛卡尔直角坐标系[5]的方法,他们同意 P 的坐标是长度 ON、NM、MP。至此为止,一切都是协调的。A 在 Ox 上确定了线段 OU_1 作为单位长度,而 B 在 Ox 上则确定了线段 OV_1。A 称其坐标为 (x, y, z),B 则将它们称为 (X, Y, Z)。

---

① 欧几里得几何学,按照古希腊数学家欧几里得的《几何原本》构建的几何学。——译者注
② 双曲线几何学,双曲线是一种平滑曲线,有两片,像是镜像放置的两个无限的弓。如果平面与双锥的两半相交,但不通过锥体顶点,即得到的圆锥曲线就是双曲线。常用的一个定义是:平面内,到两个定点的距离之差的绝对值为常数(小于这两个定点间的距离)的点的轨迹称为双曲线。实际应用很广泛,比如埃菲尔铁塔,广州"小蛮腰"塔,天文望远镜等。——译者注
③ 罗巴切夫斯基(Lobachevsky,1792—1856):俄国数学家。——译者注
④ 椭圆形的几何学,即黎曼几何,黎曼流形上的几何学。1854 年由德国数学家黎曼提出。他把曲面本身看成独立的几何实体,而不是仅仅把它看成是欧几里得几何空间的几何实体。后来黎曼几何成为广义相对论研究的有效数学工具。西方一些教堂的穹顶就用了椭圆几何的声学性质。——译者注
⑤ 笛卡尔坐标系:笛卡尔坐标系就是直角坐标系和斜角坐标系的统称。两条数轴互相垂直的笛卡尔坐标系,称为笛卡尔直角坐标系,否则称为笛卡尔斜角坐标系。二维的直角坐标系通常由两个互相垂直的坐标轴设定,通常分别称为 x 轴和 y 轴。在三维空间中,三条数轴互相垂直的笛卡尔坐标系被称为空间笛卡尔直角坐标系,否则被称为空间笛卡尔斜角坐标系。笛卡尔坐标系在代数和几何之间搭建了桥梁。通过这种坐标研究,笛卡尔把几何问题归为代数问题,引入变量,为微积分的出现创造了条件。——译者注

　　然后,我们发现,既然两个体系都是欧几里得体系,无论点 P 如何被采取,都有 $X=\beta x$,$Y=\gamma y$,$Z=\delta z[\beta\neq\gamma\neq\delta]$。他们不断调整它们的差距,首先是 x 坐标。显然,他们沿 Ox 轴采用了不同的长度单位。长度 OU_1,A 称之为一个单位,B 则称之为 β 个单位。B 从原初的长度 OU_1 出发,改变他的单位长度至 OU_1,并使 $X=x$。但现在,因为他必须对他的所有测量都使用相同的长度单位,他的其他坐标以相同的比率被改变。于是,我们现在有 $X=x$,$Y=\dfrac{\gamma y}{\beta}$,$Z=\dfrac{\delta z}{\beta}$。根本性的分歧,现在很明显。$A$ 和 B 同意沿 Ox 轴用相同的单位。他们决定,用在那个轴上给予的线段 OU_1,作为单位长度。但他们不能同意沿 Oy 轴会有什么线段相同于 OU_1。若 A 说这个线段是 OU_2,B 则说它是 $OU_2{}'$。对于在 OZ 轴上的长度,也有类似的情况。

　　结果是,A 的球面为 $x^2+y^2+z^2=r^2$

　　　　B 的椭圆曲面则为 $X^2+\dfrac{\beta^2 Y^2}{\delta^2}+\dfrac{\beta^2 Z^2}{\delta^2}=r^2$,

$$即\quad\frac{X^2}{\beta^2}+\frac{Y^2}{\gamma^2}+\frac{Z^2}{\delta^2}=\frac{r^2}{\beta^2}$$

　　于是,这两个角度测量的结果完全不一致。

　　如果 $\beta\neq\gamma\neq\delta$,那就有且只有一组在原点 O 成直角的共同的轴,即它们由此出发的那组轴。如果 $\gamma=\delta$,但 $\beta\neq\gamma$,会发现:通过绕 Ox 轴旋转,有无限多个互成直角的单个的轴。这对我们是一个有趣的案例。通过移动到任何平行的轴,同种现象也会产生。

　　困难的根源在于,A 的测量杆[①],对于自己而言是一个严格不变的物

---

① 测量杆(measuring rod),一种测量尺度或者判定标准物,或许有点类似参考系。被选作参考的标准是假定不动的。——译者注

体,对于 B 则呈现为转向不同方向时在长度上是可变的。同样,所有满足于 A 的测量杆干扰了 B 对不变性的直接判断,并按照相同规律而改变。没有办法走出这个困境。现有两个测量杆 ρ 和 σ,无论何时把一个置于另一个上面,它们都完全一致。ρ 被握着不动,两人都同意它没有变化;但 σ 被转动时,A 说它是不变的,B 则说它是变化的。为了检验这个问题,ρ 被转动来做测试,并精确地被安装了。但当 A 说不变时,B 则宣称 ρ 完全以相同于 σ 的方式改变了;与此同时,B 取了满足于自己条件的两个物质杆作为不变的,而 A 正好做出了同样的异议。

我们会说,A 和 B 应用了不同的欧几里得的度量系统。

人类生活中最非同寻常的事实是,所有人似乎按照相同的度量系统来做出他们关于空间数量的判断①。然而,仅在人类观察得到的准确度范围内,这个说法才是正确的。当我们试图构建一个自洽的物理理论时,我们必须承认,不同的时空测量系统与事物的行为有关。

因此,对空间和时间的数量的估计,在某种程度上,甚至对次序的估计,都取决于观察者个体。我们每个人都最有资格,把想象重建的世界称之为现实世界②。除此之外,感觉经验的原初成果是什么呢? 在这里,实验心理学家介入了。我们离不开他。我希望我们可以不需要实验心理学,因为实在很难理解。而且,他对一些数学原理的认识还相当薄弱,我有时怀疑他——不,我不会说出我有时的想法:因为同样的原因,或许他也在思考跟

---

① 事实上有这么多的测量尺度与方法,人们对同一事件的空间认识不同也很自然。但是怀特海发现,人们基本上可以达成共识,在空间数量的测定上就仿佛使用了同一种方法。——译者注

② 对空间、时间的数量、程度的判断,根本上要以观察者个体为准。如果每个人的评判标准不同,每个人的结论就会各不相同。所以每个人看到的世界都是想象重构的,可同时对这个人而言又是真实的世界。——译者注

我一类的事情[1]。

我冒昧地做一个总结，我相信，这些结论与实验证据相吻合，无论是在生理上的，还是心理上的。此前我已经提醒你们注意数学逻辑，关于数学逻辑方面还没成文的章节启示了这条结论。空间、时间和数量的概念能够分析成一批简单的概念。通常情况下，在任何给定的感觉经验中，我们没有必要应用这些概念的全部组合，例如，外部性的概念，我们可以不使用线性顺序的概念；线性顺序的概念，可以不使用线性距离的概念。

同样，空间关系的抽象数学概念，与适用于给定感知的独特概念，可能会混淆。例如，从线性投影意义上观察者看到的线性次序，不同于横穿视线的一排物体意义上的线性次序。

理论物理学假定，一个存在着明确相关的物体的给定世界，各种时空系统是将这些关系表述为概念的另一种形式，这种形式也适用于观察者的直接经验。

然而，在一个共同的外部世界中，必须由一种方式来表达物体之间的关系。另一种方法，只能作为另一种观点的结果出现。也就是说，由于观察者在宇宙中留下了一些附加的东西，（导致结果发生了变化，因此需要人们改换表达物体之间关系的方法，那时才改换为另一种方法）[2]。

但是，这种设想物理科学世界的方式，如由假设的物体组成，使它就像是一个童话。真正实际的是人们的即刻体验。演绎科学的任务是考虑适用于这些经验数据的概念，然后考虑与这些概念相关的概念，以及任何必要的

---

[1] 这里要表达的是，心理学家和数学家之间，既彼此依赖、又彼此怀疑，互相不理解的矛盾心情。——译者注

[2] 译者根据上下文注。

精练程度上诸如此类的概念。随着我们的概念越来越抽象，它们的逻辑关系越来越普遍，也就不容易出现异常。通过这一逻辑结构，我们最终得出以下概念：(1)在个体的经验中具有确定的例证的概念；(2)逻辑关系非常流畅的概念。例如，数学时间、数学空间的概念就是这样的逻辑关系流畅的概念。没有人生活在"一个无限的给定的整体"中。人们生活在一系列支离破碎的经验之中。我们要做的是，通过逻辑构建的过程，来展示数学空间和时间的概念，作为这些片段的必要结果。与其他物理概念类似。这一过程从经验的碎片世界中建立了一个共同的概念世界。埃及的物质金字塔是概念，而观看过金字塔的人的零碎经验是现实。

　　只要科学试图摆脱假设，它就不能超越一般的逻辑结构。正如我们所设想的，对于科学来说，上述不同的时间顺序并不困难。不同的时间系统简单地记录了数学结构与个人经验（实际或假设）之间的不同关系，这些经验可能作为阐述结构的原始材料存在。

　　但是，毕竟我们应该可以详细地阐述数学结构，以消除对特定经验的特定参考。无论经验的数据是什么，都必须有某种东西可以把这些经验数据说成是一个整体。"某种东西"即对共同世界的一般属性的陈述①。通过适当的概括，时间和空间在这些一般属性中可以被发现。如果说这些属性里找不到时间和空间，那是难以置信的。

　　康德认为，在经验的行为中，我们意识到空间和时间是经验发生的必要成分。如果我正确地理解康德，那他就是这么认为的，我承认康德到底是不

---

① 无论每个经验多么片面，多么个性化，我们仍然能够把这些经验概括为整体。例如，无论不同观察者看到了金字塔有多么各不相同，而金字塔仍然还是金字塔，它还是有一些基本的一般概念，比如建立在埃及，在什么时代建成等。——译者注

是这么认为是非常有疑问的①。我会相当胆怯地建议，这一理论应该被赋予一个不同的扭转，事实上是按相反的方向扭转——即，在经验的行为中，我们感知到 个由相关的不同部分组成的整体。这些部分之间的关系具有一定的特征，时间和空间是这些关系的一些特征的表达②。然后，归因于时间和空间的普遍性和一致性表达了所谓的经验结构的一致性。

尽管，在推导统一的自然法则方面，人类取得了适度的成功。但就目前而言，这证明了，这种一致性本质超越了经验数据的时间和空间的特征。对于体验来说，时间和空间是必要的，因为它们是我们体验的特征。当然，没有人能够在没有遇到它们③的情况下拥有我们的体验。康德的推论是对的，但是没有什么用处。我看不出康德的推论比说"什么存在，存在"④说明更多东西。

我承认，我所说的"经验结构的一致性"⑤是一个最令人好奇和引人注目的事实。我很愿意相信这仅仅是一种错觉。在本文的后面，我建议，这种一致性不属于经验的原始数据的直接关系，而是由更精细的逻辑实体代替它们的结果，例如关系之间的关系，或关系的类别，或关系。我认为，通过这种方式可以证明，这种必须归因于经验的一致性，比通常所允许的更加抽象递减的特征。这种将物理世界的统一时空提升到逻辑抽象的状态的过程，能够把所有直接的个体意识里那些极端碎片性的经验，重新记录为另一个事

---

① 这是一个玩笑，也是一种谨慎表达。我理解的康德和真正的康德可能是两回事。——译者注
② 怀特海的意思或许是：经验不是因为时间和空间而产生，因此时间和空间不是经验的必要条件；我们只是有了经验，想要表达经验，我们借助时间和空间来表达。——译者注
③ 某时某地，我发生某事。另一个人即便也在某时某地，他跟我的经验必然不一样。——译者注
④ 原文为："what is, is"什么东西存在了，那么它们就存在着。相当于一句废话。——译者注
⑤ 经验结构的一致性，the uniformity of the texture of experience。——译者注

实，这也是一个优点。

在这方面，我的观点是，我们所知道的一切，只不过是支离破碎的个人经历，这些残片①是我们唯一的依据，所有的假设都必须由此开始。我们并不是直接意识到一个顺利运行的世界，我们是在设想中把这个世界假设成一个被给定的、顺利运行的世界。在我看来，第一个无意识的思辨行动就是世界的创造，有自我意识的哲学的第一个任务就是去解释世界如何创造。

大致有两种对立的解释。一种是把世界作为一种假设。另一种方法是把它作为一种推论，不是通过一连串推理来获得的推论，而是通过一系列定义来获得的推论。事实上，这些定义将思想提升到一个更抽象的层次，在这个层次上，逻辑思想更加复杂，它们之间的关系也更加普遍。通过这种方式，我们破碎的有限的体验，维持了我们思想中所生活的无限世界的联系。在这一点上，我有更多的话想说：

（i）即刻经验的事实，如果能够演绎上层建筑，一定意味着它本身具有某种统一的本质，所以这个伟大的事实才仍然存在。

（ii）我不想否认这个世界是一个假定。这么说并非私见，我看不出，在我们目前哲学发展的基本状态中，如果没有中间公理，我们该怎么继续前进。事实上，我们习惯性于假定。

我的观点是，我们应该通过仔细的审查，从我们有机联系的知识体系的每一个部分中，挤出这样的假定。没有那些假设，我们凭借有机知识体系也可以。

现在，物理科学把我们的各种不同感官之间的关系的知识有机地组织

① 原文是拉丁语 disjecta membra 残片，片段，不连贯的引文。——译者注

起来。我认为,在这门知识中,这样的假设虽然没有被完全挤出,但可以按我所描述的方式减少到最低限度。

我们再次注意到,从另一个角度来看,空间的关系理论使我们回到了基本空间实有的概念,即以事物之间的关系中作为逻辑结构。不同的是,这段文字是从一个更为发展的观点来写的,因为它隐含地假定了空间中的事物,并将空间视为它们某些关系的表达。把这一段和前面的内容结合起来,我们看到建议的过程是首先根据经验数据定义"事物"①,然后根据事物之间的关系定义空间。

我强调一点,我们关于物理世界的唯一精确数据是我们的理性知觉。我们不能陷入假设我们正在将一个给定的世界与给定的知觉进行比较的谬论中②。从某种广义上讲,物质世界是一个推论出来的概念。

事实上,问题是让这个世界适合于我们的感觉,而不是让我们的感觉适合于这个世界③。

---

① 事物 things,本书中多数 object 译为客体,event 译为事件,entity 译为实体。——译者注
② 世界不是被给定的,我们的感觉也不是被给定的,所以这种说法是谬论。——译者注
③ 原文为: Our problem is, in fact, to fit the world to our perceptions, and not our perceptions to the world. 怀特海不是想要让感觉适合世界,那样世界无法创进。我们的世界要越来越好,要适合我们的感觉。——译者注

附文： 美的教育背景——品怀特海的精神发展史

怀特海的个人生平堪称一部精神发展史。怀特海在《自传》中谈道："这些个人回忆的重点在说明我人生中有哪些有利的因素，帮助我发展潜在的能力。"如果我们能够学习与领会怀特海精神发展史当中那些生机活泼的要素，我们对课程、对教育就会有更为宽广而深刻的理解，进而绵延为我们教育善好的种种可能。

美妙的英国古典家园

怀特海于 1861 年 2 月 15 日生于英国肯特郡。由于年幼时体弱，由父亲为其教读。10 岁起学拉丁文，12 岁起学希腊文。除了兄长的陪伴之外，一位老园丁还常带他去户外活动，使他的生命富于活力。老女仆惠雪，为蜷缩在炉火旁的膝垫上的怀特海，朗读狄更斯的小说。他享受过家庭成员给予的爱，也享有好的家庭教育环境，那是一段欢乐温暖的日子。童年是人生宝贵的记忆，对比罗素不幸的童年、混乱的婚恋和时常涌动的要自杀的念头，怀特海始终保持着生命的热情，这不难理解美好的童年对任何一个人的意义。

风景如画的肯特郡是怀特海童年生活的美的背景。此地滨海，是兵家征战的要道，留有许多古迹。幼年的怀特海就随常可见古罗马城堡的断壁残垣、诺曼式的壮丽的建筑，也会游历奥古斯丁首次讲道之处。3 岁时的秋天（1864 年），怀特海亲见了白金汉宫、荒疏政务的维多利亚女王以及她的卫队，以孩子的目光抓住了历史盛大场面的一瞥。深刻的历史感不需寄赖后天的灌输，从小的耳濡目染如烙印一般驻留于怀特海的心中。

　　他出生在一个从事教育、宗教和行政管理的家族，祖辈父辈在教育管理上卓有成就。其父与坎特伯雷的大主教泰特交往甚笃，并深受广大民众的爱戴。父亲在担任牧师后响彻教堂的传道声，父亲对宗教的虔诚，对怀特海有很深的影响。怀特海深切地意识到，他不是因为父亲有知识才敬重父亲，而是因为父亲关心当地事物的个性才敬重父亲。若说怀特海日后追求的是一个万在有情的和谐世界，那么他第一次领略"和谐"一词的涵义也因为他的父亲。当旧约派的父亲去为洗礼会派牧师离世而诵经时，英格兰人在宗教上的强烈对立情绪和人际之间的亲密情感使怀特海深受震撼，这使怀特海对教育和历史产生了兴趣。

"一便士阅读"

　　19 世纪中叶，受到民主运动的影响，英国的文化经历了大约 50 年的改革，其中的一个现象就是"一便士阅读"。在坎特伯雷行政堂区的教室里，每天晚上都有"一便士阅读"的活动，人们可以只花一便士阅读众多文学佳作中精选的读物，这一便士的收益用于支付煤气费和管理员工资。在那时的英国，教堂是培育人们进入人类生活中的深层的最高阶层的全国性机构。作为阅读的休息，中间还会安排两三次带有钢琴伴奏的歌咏和独唱，以及小提琴独奏。行政堂区还会为参加"一便士阅读"的读者寻求文学问题的名家人物，比如受人尊敬的牧师、医生、律师，为大家做出释疑。怀特海的父亲就经常充当"一便士阅读"活动的释疑者或主持人。

这种教育面向一切人。怀特海在《回忆》中记录了一位傻老先生,他每晚花上一便士来堂区的教室读书。与这位傻老先生同等阶层的人也可以接受教育,而不仅局限为受过高等教育的上层阶级。各个阶层的人都需要学习足够的知识,得到智识的启蒙,才能推进社会的文明。并且教育也不仅仅是学校的事,"一便士阅读"无声地招引着人们终身性地学习。怀特海说:"我最宝贵的记忆之一是,在我有生之年,我已目睹英国的教育,以及它给英国人生活所带来的变化。"

"狭窄而适合现代世界"的基础教育

14 岁(确切地说差 4 个月就要 15 岁了),怀特海才开始接受正规的学校教育。学校在多赛特郡的舍伯恩镇,这里的地理、历史与人文同样有利于人的成长。来自南大西洋的温暖而潮湿的风,使得多赛特郡土壤肥沃,富庶多产。若要种植灌木的话,随意哪一头插在地上都能够在一年内长到 6 英尺高。苹果园、林地、蕨类植物和草丘也很茂盛。这里民风淳朴,如果一个中学生在乡村路上要喝水就会得到免费的苹果汁。"人的性格大半归于地理",这样的地理大半也可用以归因一所学校的"性格"。

舍伯恩学校由圣阿尔德海姆所建,与杰出的学者阿尔佛列德王也颇有渊源。因为爱德华国王六世在 16 世纪改建了这所学校,学校里的学生又被称之为"国王的学子"。新房屋也被修成古式的,用古老的石料建造。校钟是破旧的,叮当响着,它是亨利八世从金衣农场带来的,是若干个世纪的生命的声音,因而成为学校的一项传统。这里还有另一项传统,那就是"最大的老地主"为一切付钱,有钱人担任校董事会的董事长,投资教育慷慨大方。"支配着这个学校的与保守党为伍的最大的地主们都是有良知的人,他们知道如何培养有教养的人。"——这一切莫不体现出英格兰学校教育中浸润着的优良的文化。

舍伯恩学校尽管处处闪耀着慈爱宽和的一面，却不会失之过柔。这里有着严格的班长制，对学生品德的管束可谓纪律森严。怀特海在舍伯恩上学时当过级长，是六位负责学校管理维持校规的高班生之一。作为学生领袖，他曾杖责一个偷窃的儿童。如果不在全校面前杖责，那个偷窃的儿童就会被开除。

怀特海所受的教育是古典式的，怀特海坦言"一种古典式的教育对这些英国儿童的未来生活产生了极其实际的影响"。怀特海认为他所受的基础教育是狭窄而适合现代世界的，因而也是幸福的。在那里，怀特海学习古典文学、历史、地理、数学和科学。舍伯恩学校给予学生运动和自修的时间，这时的怀特海已经是一个体育健将。在舍伯恩学校的最后两年，历任院长所住的房间成为怀特海的私人书房。闲暇时，他喜欢阅读华兹华斯和雪莱的诗篇。他凭直觉意识到罗马与英国人缺乏真正亲密的关系，而希腊人却占据着至高无上的地位。严格的古典博雅教育，奠定了怀特海日后学术研究的基础。普莱士认为"多数科学家所学发生严重偏差的 20 世纪，他（即怀特海）在科学与人文学方面所具有的良好的平衡正是他的特征之一"，怀特海在舍伯恩学校的教育或许为其日后发展打下平衡的基础。

大学教育——剑桥大学

1880 年秋天，怀特海开始了他 30 年未中断的剑桥大学生活。怀特海在大学期间是勤勉的，除了课堂学习之外，每天都还要花两三个小时的时间来学习数学。在剑桥大学，他先是当学生，后来当研究生，1885 年获得研究生奖学金还获得了教学工作。

剑桥大学的正式教学由具有第一流能力的风趣的教师承担,怀特海对这些教师的教育很满意。尽管如此,怀特海仍直言:不能夸大受惠于剑桥大学在社会科学和智力方面的培训。怀特海所听的大课都是关于数学的,他从未进入过另一间大课教室,这不能不说是一种缺欠。怀特海认为剑桥大学的习惯做法只适用于非常专门的环境,即只适合第一流的天才,却未提供适合一般大学生的课程。

剑桥毕竟英才济济,学风醇厚。怀特海在剑桥的晚饭时光常常是与教授、同学高谈阔论的时间,一般从下午六七点钟一直到晚上十点左右。政治、宗教、哲学、文学,无所不谈,也因此读了大量各类图书报刊。那时怀特海对康德十分着迷,《纯理性批判》的一些段落几能成诵。每周六晚,怀特海还与师友们进行"史徒会"(Apostles),以柏拉图式的对话来切磋交流。核心成员是年轻的学人,然而一些史学家、法学家、科学家和国会议员们也如长了翅膀的大使一般,成为这个活动的年长的会员。怀特海曾说,他之得益于交谈并不亚于书本。

怀特海走的是一条漫长的成长路程,他的前半生都在扎实地积淀。他在剑桥大学的最后一个职位是高级讲师,那时他已经快 50 岁。剑桥大学期间,怀特海大量阅读,为建立自己庞大的哲学体系扎实准备,失眠曾严重困扰他。迁居伦敦后,有八年他居住在乔叟提过的老磨坊附近,那里有种古朴天然的美。或许因为这种美,怀特海的失眠渐渐消失。在伦敦大学期间,怀特海担任多项教育行政职务,经常参与伦敦高等学校教育的视导。哈佛大学的年代是怀特海创作最为高产的年代,谱出了最具创造活力的乐章。有一次,有人问他如何能够在哈佛任教却能按照每周一章的进度写完《科学与近代世界》,他回答说:"书上的一切,在过去四十年里都谈论过了。"

来自妻子、学生的教育

妻子韦德有外交官家庭背景。妻子的审美趣味总是为其增添奇妙神秘非凡的魅力。怀特海常言道,妻子的勃勃充溢的生命力刺激着他,使他懂得存在的目的就在于追求道德和审美方面的至善至美。

怀特海晚年著述不断,却从不觉得跟年轻人谈论是浪费时间。在哈佛,他每周至少三次演讲。他给学生讨论的时间不是二十分钟,而是一个下午或一个晚上。怀特海家的夜谈至少持续了十三年,巧克力饮料,饼干,彼此交谈。怀特海夫妇巧妙的鼓励,激发年轻人的思想火花。怀特海认为"从那里所得到的启发可以使人改变气质"。跟年轻的心灵接触,使自己的源泉长流不息。

1947 年,怀特海在哈佛大学去世,享年 86 岁。

怀特海无论作为哲学家、数学家还是教育家,都著述丰富,而且那么丰厚、那么饱有生命的热力。他作为一个整全的人,作为一个伟大的人类之师,作为一个集大成的有机哲学家,都让人倾慕和深思。我们与其思考如何去培养怀特海这样的人,不如去创建一种利于"怀特海"成长的外在环境,美的教育背景。正如怀特海所言:"这种美的背景使教育中的一个要素,正如解释惯性和潜在的理想主义。如果没有认识到教育阐明了我们下意识的生活中一个始终存在的梦想世界,就不可能理解什么是教育。"

(本文曾刊于《师道》2016 年第 12 期)

致　谢

　　翻译怀特海《教育的目的》于我是一种巨大的荣幸，也是一种巨大的负重。我所学专业并非英语，若单从英语水平上考量，我是不值一提的毫末之流。如果让我翻译其他与怀特海不相干的人的著作，我是断然不敢的。所有的作品都不会完美无缺，能使我坦然直面不完美之处的唯一办法就是，我诚惶诚恐、如履薄冰地认真翻译。我唯一所长就是我真心拜服怀特海的思想，并甘之如饴地沉潜、钻研，透过对怀特海诸多原本、译本和怀特海研究的相关著作，长久地切磋琢磨来理解、翻译。翻译不当的地方，还望不吝赐教，批评指正！

　　感谢我的导师杨丽老师，感谢在翻译过程中给我许多指导帮助的陈高华老师、凌宗伟老师、陈理宣老师，感谢出版社彭呈军老师，还有很多老师、朋友，以及我的家人。

严中慧

2019 年 5 月 20 日